リモートワークの最前線

THE FOREFRONT OF REMOTE WORK

海外拠点との事業構築法

中小企業DX推進研究会 著

渡辺さち、沖室晃平（GoGlobal 株式会社）協力

FSC 金融ブックス

はしがき

グローバル時代と言われて随分経ちました。

しかし現在、日本の企業が本当の意味でグローバルかと言われれば、果たして首をかしげる方は少なくないでしょう。

もちろん日本でしかできない仕事もありますから、グローバルでなければいけないというわけではありません。しかし、「日本でしかできない」と思い込んでいる例も多く見かけられます。そして率直に言えば、もったいない。

いま、海外進出は〝簡単〟です。

そのハードルはかなり下がっています。海外に拠点を置いたり、そこで人材を雇ったりすることは確かに決して簡単なことではありません。現地のルールを知って、それに準じて環境を整えたり、人材、顧客、取引先などのコネクションなどを考えれば、尻込みするのも仕方ないとも言えます。

ところが海外進出は今や、思い立って1週間でできる時代になっています。いいえ、実はとっくになっていて、日本の多くの企業が知らないだけ。海外では、この「トライアル海外進出」は一般的な仕組みなのです。

日本の人口は減少に転じて以来、今後も減っていくと予想されています。すると、当然ながらマーケットも縮小していきますから、どの業界でも採用や営業がなかなか難しくなっていくことでしょう。

そこで海外進出に思い至るのは、ある意味で当たり前のことです。

しばしば、離れた土地の人と働くことに、コミュニケーションの取りにくさを指摘する方もいらっしゃいます。ですが、2020年から世界的に広がっていった新型コロナウイルス感染症の影響で、リモートワーク（テレワーク）を進めたことを考えてみてください。

海外進出はその範囲が、海外に広がるだけのこと。あまり臆することもありません。

もちろん、リモートワークを十分に機能させるためには、ルールの作り方、作業環境の整え方などにノウハウがあります。

私たち中小企業ＤＸ推進研究会は、主に会計事務所を中心とするＤＸの研究会です。

会計事務所は中小企業の身近なサポーターとして、従来は主に税務・財務という面から経営の支援を行ってきました。それに加え経営とデジタルを一体とした支援を実現すべく、当会は活動を行っています。

昨今のようにＤＸ（デジタル・トランスフォーメーション）が声高に叫ばれる以前から、経営とデジタルの一体化の重要性に関心を持ち、自身で実践してきました。そうした当会の目から見て、海外進出の実現にデジタルの力は非常に有用です。そして、その証左となる企業の一つが、本書で採り上げるGoGlobal株式会社です。詳しくは本文で述べますが、同社は海外進出を容易にする「トライアル海外進出」というサービスを国内外の多くの企業に提供しています。同時に、自社自身がテレワークの実践では一日の長と、実践ノウハウがあります。

当会はこのGoGlobalとその周囲の企業から、トライアル海外進出の実践と、そのベースとなる、国内外をつなぐリモートワークのいわば最前線について取材しました。

本書はそのノウハウや想いなどを余すことなく、紹介していきます。

海外進出は、管理拠点・生産拠点・販売拠点を、増やしたり、変えることでパフォーマンスを高めたり、コストを下げることも考えられる選択肢になるでしょう。選択肢は日本国内のみにあるわけではありません。

日本の多くの企業が、本当にグローバルな企業となり、価値を高めていくことを願っております。

はしがき……1

第一章　離れ離れで仕事をすること

1　単拠点企業から多拠点企業に
企業が殻を破るとき……14
多拠点展開のメリット……16
場所にこだわらない拠点展開……18
スモールオフィスを好むスタートアップ……21
世界全域に広がるオフィスの見直し……22

2　コロナ禍による〝多拠点展開〟のフェイク
リモートワークの広がり……24
政府による後押し……26

社員数の分だけ〝出張所〟はできたが …… 28
強引に進めざるを得なかったリモートワーク …… 31

3 日本企業のつまずき

リモートワーク推進に必要だったものとは …… 33
オフィスで働きたがる人たち …… 36
リモートワークの課題として捉えられたもの …… 39
生産性を向上させた企業の取り組み …… 42
帰属意識を左右したリモートワーク …… 46

4 離れていても遠くても

浸透していくリモートワーク …… 48
障壁を乗り越える工夫 …… 50
リモートワークとは何を改善するものなのか …… 51
ひとつの変革から次の変革へ …… 54

第二章 国境を乗り越える

1 日本のビジネスの危機
日本のビジネスが縮小していく？ …… 58
人口減少時代の日本 …… 59
日本特有のガラパゴス化現象 …… 64
逆転した日本製と海外製のイメージ …… 66
2 「タレント不足」の靴音が聞こえる
人材不足が加速する …… 69
よくある人材対策の例 …… 72
十分なスキルの人材を採用できるか …… 76
3 現実味を帯びる海外マーケット展開
海外へ目を向ける …… 78
管理ハードルの実態 …… 81

第三章 リモートで仕事を進める企業たち

1 GoGlobal ――タイムマネジメントとワークマネジメントの両立
2018年創業の新進気鋭のスタートアップ …… 86
100カ国以上、2000人以上の人材 …… 88
タイムマネジメントを重視し、休暇制度を充実させる …… 90
業務の引き継ぎをスムーズにさせるワークマネジメント …… 92
2 メロディ・インターナショナル ――人生をサポートするリモートワーク
産婦人科の遠隔診療システムを開発 …… 95
東南アジアへの進出 …… 97
タイオフィス開設に際して海外雇用代行を活用 …… 98
タイから広がるビジネス …… 99
出産・育児があっても仕事を継続 …… 102

3　NRIアメリカ　――リモートワークでも離職率を下げない工夫
米国ニューヨークを本拠地として活動 …… 104
リモートワークの特徴と離職率を下げる工夫 …… 105
リモートワークを前提とした雇用の工夫 …… 108
時差を生かしたリモートワーク …… 109
長時間化・管理の必要性 …… 111
リモートワークの管理が今後のビジネス成功の秘訣 …… 112

4　株式会社Paidy　――ダイバーシティ&インクルージョンの実践
世界30カ国超の人材と共に働く …… 115
海外から「Paidyで働きたい」という希望を叶える …… 117
新しい人もすぐに馴染めるような配慮 …… 119

5　成功企業から見える共通項
期待が高まるリモートワーク …… 122
ジョブ型雇用へのシフト …… 123

システムの導入 …… 129
顔を合わせる、時間を合わせる …… 131
そしてボーダーレスなビジネスへ …… 134
リモートワークに役立つツール …… 136

第四章 海外へと事業を拡げる

1 海外に拠点をつくる
これまでの海外進出とは …… 138
海外進出のハードルを下げる海外雇用代行 …… 144
アメリカ発祥の海外雇用代行 …… 146
海外雇用代行のメリット …… 148

2 海外人材を採用する
海外における人材の採用 …… 151

選考プロセスの数々……157
国際人事のプロフェッショナルに頼むメリット……159

第五章 リモートワークの最前線

1　多様な働き方とダイバーシティ

世界的な視野で物事を考える……162
「大退職時代（グレート・レジグネーション）」の到来……163
生き方を見直したいという人の増加……165
家族スタイル、個々のライフスタイルの変化……167
人権デュー・ディィリジェンスという課題……170
自社のみならずサプライチェーンへの責任も……171
人権への対策にも海外雇用代行を有効活用……173

2　リモートワーク最前線の企業が考える未来

いま一度、海外進出の必要性・メリットを考える……176
人材管理のコストを取り払う海外雇用代行……178
リスクなく基盤づくりを行うために……179
真のグローバルビジネス、真のワークライフバランス実現へ……181
GoGlobalのウェルビーイングな企業文化……183
最も重視すべきは一人ひとりのモチベーション……184
採用の柔軟性こそが成功の鍵……186
ブルーオーシャンを目指す……187

あとがきにかえて・・・190

第一章　離れ離れで仕事をすること

1　単拠点企業から多拠点企業に

企業が殻を破るとき

企業は生き物だと、よく言われます。

実際、企業は目まぐるしくその形を変えていきます。

初めは1人の頭のなかにあったアイデアかもしれません。それが表出して、形となっていく。ビジネスの始まりです。そのうち、賛同する人は増え、協力者が広がっていきます。

そして、いよいよ一拠点だけでは手狭になってきます。

「複数の拠点をつくろう」

創業の地から離れた場所に店舗を置いて挑戦しようと考えたり、顧客折衝などの観点から検討を始めるかもしれません。また、そもそも増えてきた従業員の分だけデスクを置けないという物理的な理由もあるでしょう。

慣れ親しんだ殻を破るときがやってきたのです。

戦後からの日本社会を振り返れば、こうした例はいくらでも見当たります。各地に支社や営業所、販売店を置いて、ビジネスを横展開していくというのは、業界を問わず一つのセオリーだと言えるかもしれません。

製造と販売の拠点を切り離すというのも、よくある話です。

都市部はコストが高くなるため、生産部門を本社から地方に移してコストダウンを図ったり、または人件費を抑えるために海外に工場や生産部門を置いてきました。特に「プラザ合意」で急速な円高が進んだ1985年以降は、海外に工場を移転することが当たり前でした。

日本を代表するような、トヨタやソニー、ファーストリテイリングといった企業も、もともとは一つの拠点に事務や販売、生産部門が置かれていました。それが成長を続けて、事業が大規模化するとともに、国内にとどまらず、国外を含む多拠点に広がっていきました。

年々進んでいった社会のグローバル化も、多拠点展開の追い風になったと言えるでしょう。いえ、企業が国外に拠点を広げていったからこそグローバル化は広がり、その波がまた海外進出を助けていったのかもしれません。これは「ニワトリが先かタマゴが先か」という話かもしれませんが、いずれにしろ日本の企業は、国内というタマゴの殻を破っていったという歴史があります。

多拠点展開のメリット

多拠点展開について、さらに掘り下げてみます。

経営上、多拠点展開にはさまざまなメリットが考えられます。以下に４つ挙げてみましょう。

①売上増加

一拠点で成功したビジネスモデルを横展開することで、売上の増加が見込めるでしょう。地域特性はあるにせよ、新たなマーケットに打って出ることで成長することも可能です。特に売り切り型のビジネスの場合、商圏の見込み客の開拓が終わってしまえば、さらなる成長が難しいでしょう。そこで新しい拠点を置くことで、ビジネスの停滞を打破できると考えられます。

②コスト削減

先述したように、コストを抑えることも可能です。国内外に限らず、ある場所で高いものが、別の場所では安いというケースもあります。また、スケールメリットによって調達の単価を下げることも見込めるでしょう。

③リスク低減

自然災害や病気、戦争など、さまざまな社会的リスクがあります。もしも拠点がこれらのリスクを被ってしまった場合、致命的なダメージにもなりかねません。そこで複数の拠点を置くことでリスクヘッジが可能です。

④相乗効果

多拠点を置くことでそれぞれのネットワークによる相乗効果も考えられるでしょう。人材採用の幅も広がりますし、拠点が増えて一般的に耳目に触れる機会が増えれば広告効果もあります。情報収集の観点でも、多拠点があれば強いですし、それを移動させることだけでもメリットは大きいことでしょう。

翻せばこれらは単拠点ビジネスのデメリットでもあります。一つの拠点を中心としていては、マーケットに限界がある業種もありますし、コストやリスクがかかり、当然ながら相乗効果は見込めません。

場所にこだわらない拠点展開

今日は、多くの企業が複数の拠点を設けています。

大企業であれば、東京や大阪に本社を置き、さらに他県などに支社を置く例が多いでしょう。そこまで大きな話でなくとも、県庁所在地のある地に本社を置いて、さらに目配りが効くように県内の主要地に支店を置くというのは中小企業でもよくある話ですし、取り組みやすいとも言えます。

また拠点展開の形にも多くのパターンが生まれています。

これまでの多拠点展開は、核となる本社をマーケットの大きないずれかの地域に置き、そこから周囲へ放射状にネットワークを伸ばすと同時に、組織構成としてはピラミッド型に展開するというのが一般的でした。それが、特に核を作らず完全に各地に機能を均等に拡散して、いわばサークル状のイメージのネットワークも作られるようになりました。そして、本社機能そのものを地方に移してしまった企業・団体もあります。

２０２０年、人材派遣業のリーディングカンパニーの一つであるパソナが、兵庫県淡路市（淡路島）に本社機能の一部を移転したことは世間を驚かせました。同社では開始から３カ月で１２０人の社員が淡路島に移住。島内に６カ所のサテライト拠点を置き、働き方の新しい取り組みとして、出社と在宅勤務をブレンドした「ハイブリッドワーク」を推進しています。

さらに２０２３年度末までに本社機能社員約１２００人が淡路島で活動できるよう、新事業の開拓や人材育成、生活環境の整備に取り組んでいると言います。パソナは代表的な例ですが、このように本社機能を大都市圏から地方に移転する企業は他にも数多く現れています。

その背景には大都市部、特に東京の一極集中構造を是正しようという取り組みがあります。この問題はすでに１９８０年代後半から顕在化しており、政府も業務核都市を建設するなど、積極的な対策を行ってきました。その結果として生まれたのが、横浜みなとみらい地区や幕張新都心などです。ただ、それは首都圏が肥大化する一因にもなり、首都圏と地方との格差がますます広がる要因にもなったと言えます。

そうした状況を打破しようと、政府では2014年から「地方創生」の政策を推進。「地方拠点強化税制」を設けて、地方における業務の拡張や東京23区からの本社機能移転を推し進めてきました。

企業だけではなく中央省庁の地方移転も始まっています。政府が一都三県（東京都、埼玉県、千葉県、神奈川県）以外の道府県から誘致提案を募集したところ、7つの機関に対して8つの道府県から移転提案が提出されました。そのうち消費者庁は徳島県に、総務省統計局は和歌山県に新たな拠点が設けられ、文化庁は京都府へ全面移転することになりました。

移転先は京都市上京区にある「旧京都府警察本部本館」です。京都御所の近くにあり、昭和天皇の即位の礼に際して1928年に設計された由緒ある建物です。

当初は2021年度内に移転が完了する予定でしたが、改修工事が遅れ、移転は2023年に延期。3月末から新しい庁舎での業務が開始され、大型連休明けの5月15日に職員の約7割が移転する予定です。ただし、国会対応、法案策定手続き、著作権担当など一部の機能は東京に残ります。

スモールオフィスを好むスタートアップ

本社機能を置く立地にこだわらないというのは、スタートアップにも見られる考え方です。ＩＣＴ技術の発達した現代においては、「仕事をするにはまずオフィスを構えなくては」という考え方から解放されるのも当然のことです。

メールでデータをやりとりするだけで仕事が完結する業種もあり、あえて固定費のかさむ〝応接室のある都心のオフィス〟を持つ必要もありません。最近のスタートアップ企業は、オフィスも専用デスクもなく、自宅のパソコンとスマートフォン（電話）だけで事業を始めるというケースも少なくありません。

拠点を持つにしても、シェアオフィスで十分と考えるスタートアップ企業も決して少なくはないでしょう。都市部に、充実した設備を備え、異業種の人と出会う機会も多くビジネスチャンスを広げる可能性もあるからです。

都市部のこうしたシェアオフィスでなくとも、地方に拠点を置いて、海外企業とやり取りをするという例もざらにあります。

立地にこだわる必要もない現代は、起業への難易度が過去に比べて、はるかに下がっていると言えます。

世界全域に広がるオフィスの見直し

働き方を見直す動き、オフィス（拠点）が持つ役割を見直す動きは、日本よりもむしろ海外のほうが活発のようです。それは欧米などの先進国のみならず、世界の全域に広がっていると言えるでしょう。

２０１８年4月、東京・品川で「WORKTECH18 Tokyo」という、ワークスタイル変革と不動産・ワークスペースをメインテーマとする世界的なカンファレンスが開かれました。そこでの講演やパネルディスカッションでは、ＩｏＴやＡＩ、センシングなどのテクノロジーに触れながらも、働く個人とそれをマネジメントする企業の意識変革が強調されたといいます。

個人も企業も、これまではまず朝、きちんとしたスーツ姿でオフィスに出社し、デスクに座ったところから仕事がスタートする、という共通認識がありました。しかし、リモートワークによって働く時間と場所が多様になった結果、いつ、どこで、どんな形で仕事をするのかはある程度、自由になり、個人の裁量にゆだねられます。それと同時に重要なのは、そんなワークスタイルの変化に合わせて、企業のマネジメントの意識と行動も変えていくことだと言います。

このカンファレンスでは、オフィスのグローバルトレンドが企業中心、組織中心から急速に「人間中心」に移行していると確認されました。企業は働く人一人ひとりを尊重し、その拠点であるオフィスは、組織と従業員との間の信頼関係を醸成する場として機能することが求められています。したがって、その機能を重視してハード（物理的な空間レイアウトなど）もソフト（企業としての文化・価値観・マネジメント方針など）もデザインし直さなければならないということが語られました。

日本のオフィスは、概して従来の島型レイアウトが多いとされています。これはまだ縦割り組織やヒエラルキー型のマネジメントがベースにあることを表していると言えるでしょう。こうしたマネジメントスタイルを変えないまま、リモートワークや新しい働き方を認め、導入すると、ひどい混乱やいろいろな困った問題が生まれるのではないか――そんな指摘も挙がりました。

働き方を変えていく際には、企業のほうも意識を変革し、制度やツール、オフィス環境を総合的に見直していく必要があるようです。無拠点なのか、単拠点なのか、多拠点なのか。拠点の在り方自体も、根本的な企業理念や経営方針の観点と照らし合わせて、方向転換することが求められているのです。

2　コロナ禍による〝多拠点展開〟のフェイク

リモートワークの広がり

このように拠点に対する考え方が変わっているなかで、それをさらに強烈に推し進めたのが新型コロナウイルスのパンデミックでした。

コロナ禍が始まり、政府は2020年4月に緊急事態宣言を出しました。これにより飲食店やレジャー施設など、人が集まりやすい場所への営業制限がかけられるなど、多くの点で人が動きづらくなりました。

一般企業でもこれは同じでした。企業の多くが在宅勤務への移行を余儀なくされ、リモートワークが増加しました。

リモートワーク自体はコロナ禍の産物ではありません。なかにはすでに2000年代初めごろから業務にリモートワークを取り入れ、全国各地にサテライトオフィス、あるいはそれに準ずる仕事場を設けてビジネスを行っているところもあり、会社自体は小規模でも、ビジネスネットワークとしては非常に大規模なものを築き上げている企業もありました。

ただ、こうした企業は当時はまだ圧倒的に少数派。そもそもリモートワークという言葉自体知らなかった方も少なくなかったでしょう。

総務省「令和3年通信利用動向調査報告書（企業編）」によれば、コロナ禍前である2019年の、常用雇用者が100人以上の企業の導入状況は20・1％（回答2122社中）でしたが、2020年には47・4％（回答2223社中）と急増しました。

コロナ禍で加速したリモートワークは、職場を限定せず、自宅はもちろん、コワーキングスペース、カフェなども含めて、広い範囲で仕事ができるスタイルを生み出しました。

ちょっとした報告・連絡・相談もビジネスチャットで行ったり、対面でなければ難しいと思われていた会議やセミナーが、オンライン上でも十分に事が足りる、成果が出せるとわかり、多くの仕事がオンラインで代替されるようになりました。

政府による後押し

政府でも新型コロナウイルスの感染が拡大した2020年度に「地方拠点強化税制」をさらに拡充。他にも支援策を強化しています。政府や自治体からのリモートワークを促進するための補助金も多様です。

大都市近郊に比べて地方ではオフィスの賃料も安くなります。また、競合他社との競争が激しい大都市よりも地元や近隣から優秀な人材を確保しやすいなど、人材確保の面においても優位性が高い場合があります。

なかには宮崎県日南市や群馬県前橋市などのように、中心市街地に企業を誘致する取り組みを進める自治体もあり、中小企業による地方移転の成功例も少なくありません。

また、イノベーションの拠点施設整備や社会実験を通じて、テクノロジー系企業など特定の業種のスタートアップなどを集めようとしている自治体もあります。

これらは防災・BCP（事業継続計画）対策を考慮しつつ、地方における人材確保・育成、地域資源を活用した新産業の創出などに取り組んでおり、新たな雇用やイノベーションが期待できるのではないかと注目を浴びています。

地域の人材、農産物などの特産品、地域に根ざした技術といった資源に目を向ければ、新時代のビジネス創出の契機になるかもしれません。もちろん移転は慎重に検討しなくてはなりませんが、自社にとって最適な移転先を見つければ、事業拡大も十分期待できます。


実際に今や全国各地にサテライトオフィスを開くことは珍しくありません。なかには離島や過疎地にサテライトオフィスを設け、地域活性化に協力・貢献する企業、あるいは観光地・温泉地などに設けてワーケーション的な利用をして、社員のモチベーションアップを促している企業もあります。

リモートワークの内容が充実しており、これまでの働き方と比べてより快適で、同等か、もしくはそれ以上の成果・業績が上げられるのなら、むしろこうした「社員数の分だけ出張所がある」分散型オフィスのスタイル、多拠点展開をより推し進めたほうがメリットが大きく、大規模な災害や事故に見舞われた時のリスク回避にもつながります。

社員数の分だけ〝出張所〟はできたが

リモートワークで社員一人ひとりが自宅などで仕事をするようになると、望むか望まないかは別として、多拠点展開の形にはなります。

これについてネガティブに捉えた企業もあれば、ポジティブに捉えた企業もあります。

代表的なネガティブな捉え方とは、自宅にいて働いてくれるのかどうかというもの。端的に言えば「家にいたらサボるのでは」という疑惑です。一方でポジティブな捉え方としては「社員数の分だけ出張所が増えた」というジョークのようなものもありました。

しかし、いざリモートワークが始まってみれば、いずれの捉え方も的外れだったと言えるでしょう。コロナ禍で生まれた、ある種の多拠点展開はあくまで一過性のものであり、大げさに言えば〝フェイク〟だったとみなしてもいいかもしれません。

なぜなら、リモートワークによって、企業と、そして従業員一人ひとりがぶつかった課題は別のところにあったからです。

それは、リモートワークで働きたい従業員が働くに適した環境が会社以外にそろえられていないということ。「働きたくても働けない」という悩みであり、それは企業によっては仕事の停滞という課題を引き起こしました。

要因はいくつもあります。

例えば、社員の自宅にはOA機器も書類も印鑑も、業務に必要とされるものが何もなかったということもあるでしょう。そんな状況のなか、在宅でリモートワークをしても、当然「これではまともな仕事ができない」ということになります。

あるいは働く側の心理的な問題として、「オフィスに出社する社員とリモートワークの社員との間に起こる不平等」があります。働く場所がどこであっても、社員同士が互いにコミュニケーションを取りながら仕事することには変わりありません。この社内における日常的なコミュニケーションの行き違いが、大きなひずみの種になるのです。

片方がオフィス、もう片方が在宅だと、もともと行っていたメールや電話でのコミュニケーションに加えて、オフィスという同じ空間で、対面で行っていたコミュニケーションも、メールやチャット、電話といったツールに置き換わったことで、出社している社員がより負担を感じるようになったと言うのです。

あえて場や時間を設けて行う会議やミーティング、打ち合わせなどの類いではなく、「あ、ちょっと、これやっといて」「これチェックしてください」「○○さんに連絡お願い」といった、スキマ時間や通りすがりで発生する、ほんの数分のコミュニケーションは、企業で働いたことのある人なら多くが経験しているはずです。こうしたさりげないやりとりが、日常の業務のなかで意外と重要な役割を持っていたことに企業は気づかされました。

出社している社員にリモートワーク中の社員との共同作業で、何に苦心しているかと聞くと、「業務の相談」や「進捗確認」、「社外からの連絡」などコミュニケーションに関する問題がほとんどのようです。いずれも対面であれば、その場でタイムリーに、特にストレスなくできていたお互いの意思疎通。それがどうしてもタイミングがずれてしまうために、スムーズにいかなくなってしまうのです。

ツールを使ってやりとりするのはお互いさまなので、ストレスの度合いは同じではないかという気がしますが、実はこのギャップは相当大きいようです。

リモートで働いている側は「ある程度はやむを得ない」とおおらかに構えていられるのに対し、従来どおりオフィスで働いている側は「どうして今まで普通にできていたことができなくなったのか」という印象が強く、イライラが募ってしまうのです。

また、代表電話や固定電話があるオフィスでは、当然、それらの電話対応も出社している人たちが担う機会が増えます。すると集中力が途切れ、仕事が中断されて予定どおりにはかどらない、効率的に仕事ができないといった不満がさらにたまります。そこから「どうして自分だけがよけいに働かなくてはならないのか」「勝手に仕事が増やされている」といった不公平感につながり、仕事に対するモチベーションが下がりがちになるのです。

対応策の一つとしては、出社している人たちだけに負担が偏らないように、電話や郵便といった社外からの連絡について、運用面での工夫が必要になるでしょう。しかし、これは一朝一夕には解決しづらい問題です。

強引に進めざるを得なかったリモートワーク

そうは言ってもコロナ禍のリモートワークは否が応でも進める必要がありました。

経営層の立場から見れば、あるいはツールに起因する問題はいずれ慣れていけば解消されるとも思ったかもしれませんし、実際のところコロナ禍がこれほどまでに長引くと思っていた方は少なかったでしょう。希望的観測も含めて、リモートワークというのは、あくまで一時的な勤務形態だと捉えていたと思います。しかし、いったん導入してみて、今後のコロナの感染状況に関わらず、もっとこの技術を業務に、経営に活かしたいという声は確実に増えています。

リモートワークの推進は継続しています。なかには、ワーケーション（ワーク＋バケーションの造語）という考え方もあり、いわゆるリゾート地で仕事をするという例もあります。また、仕事のほとんどをリモートワークで進められる業種では、思い切って都心から自然豊かな地方に引っ越すという例もあります。都心に比べれば、家賃などの生活費もぐっと抑えられるため、テレビなどマスメディアでも取り上げられています。

このように柔軟な働き方を可能にしたリモートワークは、厚生労働省が提唱して進めてきた「働き方改革」のかなり大きな部分を実現していると言えるでしょう。ワーケーションのような新しいライフスタイルを実現している人も一定数はいるようですが、多数派なのかというとそうではありません。

実際のところ、日本の企業でのリモートワークはどのように進んだのでしょうか。

3　日本企業のつまずき

リモートワーク推進に必要だったものとは

先述した総務省「令和3年通信利用動向調査報告書」では2021年のリモートワーク導入企業は51・8％と前年の47・4％から4・4ポイント増えました。（回答2396社中）。特に情報通信業では97・7％と高いデータを示しています。また従業員別では2000人以上の企業は91・6％と高くなっています。

しかし本当に高いと言えるのでしょうか。

企業規模に応じてリモートワークの導入率は下がる傾向も見え、100～299人の企業では44・4％とその数値に差がありました。

社員個人に目を向けてみるとどうでしょうか？

別のデータではありますが、国土交通省の「令和3年度テレワーク人口実態調査」によれば、調査した2021年に、企業に雇われている3万5990人のうちリモートワークを行っていたのは27・3％と、4人に1人に過ぎません。2019年の同調査では14・8％だったことと比べれば増えていますが、まだ何か「つまずく」要素があるように思えないでしょうか。

もちろん業種の性質上、リモートワークがやりづらい企業もあるでしょう。しかし、その理由はさておいて、オフィスのほうが快適に働けるために、リモートワークが進んでいないということも考えられます。

この調査では「テレワーク普及のために勤務先で必要な取組」についても質問項目となっていました。

その結果を見ると、従業員たちが普及に必要と考えていたものは「幹部の意識改革」が約36％と最も多い回答でした。以下、回答は「テレワーク環境の整備」（24・1％）「従業員の意識改革」（23・5％）と続きます。

つまり、どこか捉え違いをしているのでは、という問題意識が見えてきます。

例えば幹部が抱いている「自宅にいてきちんと働いてくれるのか」という疑問については実際のところどうなのでしょうか。

経済産業省によれば、労働者1人当たりが生み出す生産量を表す指数（労働生産性指数）で比較してみると、リモートワーク率の高い情報通信業や金融・保険業では、新型コロナの感染症拡大の影響が大きかった2020年、2021年においても労働生産性にそれほど大きな変化は見られなかったといいます。

ここで少し世界に目を転じてみましょう。

コンピューターメーカーのレノボが2020年に世界10カ国で実施した調査によると「オフィス勤務に比べて在宅勤務で生産性が高まった」との回答は全体平均で63%でした。つまり過半数がリモートワークでの生産性を感じていました。

しかし、ここでもう一つ興味深いのが、逆に「在宅勤務で生産性が低くなった」という回答についてです。全体平均は13%でしたが、日本は実に40%で10カ国中最下位だったのです。アメリカや中国、イギリスなどの他9カ国は、どの国も10%台だったにも関わらず。

では、なぜ日本では他国に比べて生産性の低下を強く感じているのでしょうか。

レノボの日本法人であるレノボ・ジャパン合同会社が翌2021年に働く人たちを対象に調査をしましたが、それによると回答者の約半数が「同僚との対面コミュニケーションがなくなったことで、ストレスや不安を感じる」と答えました。どうやら生産性の低下は、この周辺にありそうです。

他国での調査資料がないので比較はできませんが、日本においてリモートワークがいま一つ広がらない理由、生産性が上がりづらい理由は、「日本人のメンタリティと独特の企業文化」というかなり繊細な領域にありそうです。

オフィスで働きたがる人たち

日本人は、特に対面でのコミュニケーションを重んじているのかもしれません。リモートワークに否定的な理由の一つには、「試してはみたが自社には合わなかった」という経験値からくるものもあるでしょう。あえて言えばリモートワークの問題点に気づいたというケースです。

リモートワークは1人で集中して行う仕事に適していたことを実感した方は多いはずです。しかし一方で、アイデアをブレーンストーミングなどで出し合ったり、企画を立てるために複数人で意見を持ち寄ったりするには、オンライン会議では難しいと感じた方も少なくはなかったと思われます。

また、経営層としては、オフィスという場に集まらないということで、企業への帰属意識やチームとしての結束力が弱まったと感じたかもしれません。オフィスという拠点が、いわば企業のアイデンティティー、プロジェクトの信頼性を担保する場としての役割も担っていると考え、これがなくなったり、あるいは存在感が小さくなったことで、企業としての力の衰えを感じた場合です。

拠点を増やすのではなく、逆に減らす、つまり統合していく企業もあります。リモートワークが増え、出社人数が減ったために全員のデスクを置くようなオフィスの必要がなくなったという理由も一つです。また、拠点を統合することで、オフィスの賃料や維持費などさまざまなコストが削減できることもメリットです。

そこに加えて、社内のコミュニケーションが円滑になることも考えられます。同じオフィス内で働くようになれば、別の拠点で働いていた部署の社員とも話がしやすくなり、自然と関わる機会が生まれるからです。

当然ながら、それも一つの考え方であり、企業の在り方はさまざまです。私たちも、人と人が会うことによる温かみあるコミュニケーションはとても重要だと考えています。

フェース・トゥ・フェースでの会話が伝えてくれるものは実に多く、そして大いに刺激を与えてくれます。仕事の上では「会うだけでプロジェクトは前進する」という実感はおそらく多くの方が持っていると思います。

ですが、積極的な経営判断からリモートワークはやらないと考えるならまだしも、一度試した結果、馴染まなかったからリモートワークは取り入れないという消極的な考え方には疑問があります。ましてや一度もリモートワークをやっていない状態で、なんとなしに「会わないと仕事じゃない」「うまくいくわけがない」と考えているのでは、失礼ながら、すこし残念な印象を受けてしまいます。

リモートワークを成り立たせる重要なポイントがＩＣＴ技術です。多くのアプリケーションやツールが日々生まれ、そして日々改善されています。「3年前にオンライン会議ツールをやってみたけれどうまくいかなかった」と思ったとしても、もう一度使ってみると驚くほどスムーズに会話ができるということがあっても不思議ではありません。ツール自体の進化という観点もありますが、ＤＸ（デジタル・トランスフォーメーション）を専門的なテーマとしている私たちの立場から見ると「使い方を工夫すれば随分とコミュニケーションがうまくいくのに……」と思うような企業もなかにはあります。

リモートワークの課題として捉えられたもの

では、ここで少しリモートワークにあった課題について整理してみましょう。

①コミュニケーションの不足

まず、前項で挙げたように、リモートワークでは従業員同士のコミュニケーションが不足すると思われがちです。

オフィス内にいれば、いつでも声を掛けることができました。それが、リモートワークは離れた空間で仕事を行うため、意思の疎通が難しいというデメリットを挙げる方は多いでしょう。業務トラブルの解決にすら時間がかかってストレスになったという場合もあり得ます。

②生産性の低下

コミュニケーションが足りていないからこそ、業務の進捗確認がしづらいということもあります。企業にとっては、目の行き届かない場で業務をこなしてくれるかという不安があるでしょう。

パーソル総合研究所が２０２０年に行った「第四回・新型コロナウイルス対策によるテレワークへの影響に関する緊急調査」によれば、オフィスに出勤して仕事をするときの生産性を１００とした場合、リモートワークのときの生産性を問うと平均84・1という結果だったそうです。つまり、オフィスのほうが生産性は高いということになります。共有データがリモートワーク先から見られなかったり、先述のようにＯＡ機器などがないために仕事がしづらかったということもあるかもしれません。逆に、リモートワークによって１００以上の生産性を示したという割合も35％以上あったといいます。

一方で、効率は良いとしても、働くべき時間に働いてくれたかという懸念もあったかもしれません。リモートワークの場合、企業にとっては従業員の勤務時間が把握しづらいという課題があります。実際、自宅であれば老親や子どもの世話、家事なども、仕事の合間にできてしまいます。であればこそ、従業員にとってはメリットですが、何時間働き、どのくらい休んでいるかは人事部や総務部では把握しておきたいものでしょう。どのような勤務時間を過ごしているかは、不必要な長時間労働の是正や人事評価の上でも、重要な尺度となっているからです。

こうしたコミュニケーションや生産性の問題は、本来、ルール設定や、しかるべきＩＣＴツールの導入で改善されることも少なくありません。

③環境整備への懸念

ツールの導入と聞けば「コストがかかってしまう」と、不安に思う方はいます。

実際、相応の負担をかけなければならない部分はあります。パソコン、タブレット、スマートフォンなどの情報通信機器。ウェブ会議、チャット、勤怠管理などに必要なシステム、通信回線……。これらに力を割くことに意識が向いていなかったために、コミュニケーションや生産性という、本当に大事にしたいものに影響が出てしまったのかもしれません。

特に情報セキュリティリスクは非常に重要な問題です。リモートワークに対する最大の懸念はここにあるという企業も少なくないでしょう。

オフィスで使用するパソコンは社内ネットワークに接続されており、インターネットとの出入口は外部のスパイウェアなどによるネットワークからの攻撃や、不正なアクセスから社内ネットワークを守るファイアウォールなどでガードされています。

しかしリモートワーク、特に在宅勤務では直接インターネットに接続することが多くなります。すると外部からの攻撃や不正なアクセスを受けるリスクが高まります。取引先とのメールの内容や顧客名簿の外部流出、社内サーバーにアクセスするためのＩＤやパスワードなどが漏れる可能性も心配になります。

確かに情報漏洩やハッキングのリスクは重々気をつけなければなりません。万一の場合を考えると、やはりオフィスの設備・環境を使わないと不安だという思いもあるはずです。ですが、対策を知らないがために不安になっているという場合もあるように思います。やや専門的な話ですが、ワンタイムパスワードや、シンクライアントシステムの導入などソフトやツールなどで解決できることは少なくありません。

生産性を向上させた企業の取り組み

ネガティブなお話を先にしてしまいましたが、日本でもリモートワーク導入によって、着実に生産性が向上している企業もあります。

ここでは、ＮＴＴグループの例を取り上げてみます。

同グループが、２０２２年7月から業務の基本をリモートワークで行うと宣言したことは、日本のビジネスシーンにかなりのインパクトを与えました。これを決定できたのは、もちろん同グループがリモートワーク導入で生産性向上を実現しているからです。グループ企業の一つ、ＮＴＴコミュニケーションズの例を見てみましょう。

同社ではコロナ拡大の初期の段階、２０２０年2月に全社リモートワークへの移行を決断しています。その後、従業員の利用率は一度も８割を下回りませんでした。また、オンライン会議の月間開催数は、コロナ以前の１万５０００回から20万回に増えたといいます。


そして何よりも顕著な変化は、リモートワークの推進によって、従業員（社員、および派遣社員など）の勤務時間が増えたことです。片道平均1時間、往復2時間の通勤時間がなくなったことで、朝９時前から業務を開始する人が増えました。にもかかわらず、実質的には自由時間も増えたというのです。

その結果、従業員の多くが「働く時間と場所の柔軟性」を前向きに受け取り、満足度（ＥＳ）も向上。２０２０年12月の社内における意識調査では「生産性高く働ける」など、全項目においてポジティブな回答が過去最高の数値になったと言います。

これを属性別に見ると、女性社員の満足度が上がって男性とほぼ同等になり、また、年代別では30代が上がったことで世代間の格差が縮まるという効果が得られました。

企業にとって、ワークスタイルの変化による従業員が抱えるストレスへの対策は、生産性と直結する重視すべき課題です。同社では、業務負担は増加傾向にあるものの、同僚や上司の支援が適切に図られたことで、個人のやる気はもとより、職場の一体感も大きく向上したという報告もあります。

実は同社ではすでに、インターネットが広く普及した20年近く前からリモートワークの試行を開始していました。その経験を生かして2020年2月には派遣社員を含め、全面的な移行を実現。今後は全従業員の「リモートワーク・ネイティブ」を目指すと言います。こうした動きがグループ全体の働き方改革へとつながっていったのです。

もう一つ注目すべきは、リモートワークを進めると同時に、従業員がオフィスに出勤したい動機についての調査を行ったことです。

そこで「マインドチェンジのため」「発想を得るため」「コラボレーションによってアイデアを練るため」といった回答を多く得て、「チェンジ（Change）」「クリエーション（Creation）」「コラボレーション（Collaboration）」という3つの「C」をもとにしたオフィス価値の再定義を図りました。

具体的には首都圏にあった3カ所のオフィスビルを2カ所に集約する。従業員の出社率を3割に設定して1人当たりの専有面積を従来の約2倍に拡大する。さらにNTTグループの資源を利用して局舎を活用したサテライトオフィスを設置するなど、さまざまなアングルから拠点改革を行ったのです。

このような大転換は、NTTグループのような情報通信業だから、しかも大企業だからこそ可能だったのでしょうか？

もちろん、そうした面もありますが、この事例で注目すべき本質的な点は、生産性向上につながる、持続可能なリモートワークの実現には、組織制度と企業文化の改革が必要だということです。ですから「うちでは無理だから」とそっぽを向くのではなく、事例と照らし合わせて自社でできること、アレンジして取り入れられることはないか探すのが大切なのではないでしょうか？

そして、ここで優先的に考えるべきは、オフィスに出社するか、自宅でリモートワークをするかということよりも、社員・従業員にとって、その企業が「働きがい」があるかどうかということです。

帰属意識を左右したリモートワーク

アメリカで設立されたGreat Place to Work® Instituteは、現在世界100カ国で「働きがい」に関する専門調査・研究を行っており、日本でも2005年に活動を始めました。そこから2021年7月に発表された「コロナ禍における企業の『人的資本経営』に関する調査」を見てみましょう。

この調査は一般社員・経営層の1039人を対象に実施されたもので、従業員が会社に対して感じている期待や不安、経営層が人的資本経営に対して抱えている課題などを取りまとめています。

これによると会社への帰属意識はコロナ禍で「(帰属意識が)高まった」「やや高まった」という合計回答が20%超になっています。その理由としては「リモートワーク中でも会社が働きやすい環境や制度を整えている」点が最も多く挙げられています。

一方で「(帰属意識が)下がった」「やや下がった」は合わせて全体の12%を占めました。こちらの主な理由は「コミュニケーションの頻度が減少した」と「連帯感を喪失した」の二つです。

こうした結果について、GPTWジャパンは「リモートワーク中でも働きやすい環境や制度をいかに整備するか、従業員間のコミュニケーション機会や組織の連帯感をいかに担保するかという点が、帰属意識に大きく影響することが分かった」という見解を示しています。

ここから自社の企業価値の向上は、「人的資本に対する支援策の推進」がより強く求められることがわかるでしょう。ここにリモートワーク環境の整備も含まれていることは言うまでもありません。

ＤＸを話題にすると、つい「どんなシステムやツールを使うのか？」「資金面はどうするか？」といった話ばかりになりがちです。しかし、最も大事なのは、働く人の気持ちにいかに寄り添っていくか、自社の企業文化を見直せるか、そして、将来の自社の在り方・業界や社会の在り方に対するビジョンが持てるか、という点です。

あなたの企業もその気になって取り組めば、デメリットしか感じられなかったリモートワークが、実は効率性を大幅に向上させる武器となることに気づくことでしょう。そして、それは多拠点展開の基盤に他ならないのです。

4　離れていても遠くても

浸透していくリモートワーク

全社的にリモートワークを導入して働き方改革を行っているのは、もちろんNTTグループだけではありません。

政府では厚生労働省が「多様な働き方の実現」、経済産業省が「企業価値の向上」、国土交通省が「都市部への過度の集中解消と地域活性化」、それぞれのテーマからリモートワーク（政府はテレワークと呼称）の推進に関わり、それらを総務省が取りまとめ、「ICT活用による社会変革実現」を、4省が協力して目指しています。

そうした取り組みの代表的なものが、厚生労働省が主催となり、一般社団法人日本テレワーク協会が2015年から毎年開催している「輝くテレワーク賞」という表彰制度です。リモートワークの活用によって労働者のワーク・ライフ・バランスの実現のために顕著な成果をあげた企業等を表彰し、その取組を広く社会に周知しています。

選定の基準はリモートワークの導入に当たってさまざまな工夫を凝らし、他の企業・団体の模範となる取組を行っているか、特に活用が難しいとされてきた業界・職種において効果的な取組を行っているかといった観点から審査を行っています。

過去の受賞企業は「テレワーク総合ポータルサイト」に導入事例として掲載されています。ここでは中小企業の事例が大半を占めているので、参考にできるものも多いことでしょう。

全体的な傾向としては、ダイバーシティ（多様性）が強調されています。

従来、出産・育児などで退職を余儀なくされていた女性がリモートワークの活用によって継続して働けるようになったこと、また、それだけでなく企業活動の原動力になっている事例も見られます。

同様にこれまで雇用の対象外だった障がい者が就労機会を得て、企業活動に加わることができるようになった事例もあります。リモートワークが多様性ある職場を生んでいるということが分かります。

高齢社会になり、人材不足が起こる中、定年退職後のシニア層の積極雇用も見逃せないポイントになっています。

また、リモートワークによって転籍や居住地の選択肢が拡大した事例もあります。

ある企業は海外にも拠点があるため、海外現地法人の日本人社員を日本法人に転籍した事例、配偶者の海外赴任に帯同するため、配偶者の赴任地の現地法人に社員を転籍した事例も取り上げられています。

業種としてはやはり、情報通信業や金融・保険業情報産業が多いのですが、なかには製造業や生活関連サービスの企業もあり、工場の生産オペレーターが積極的にリモートワークにトライしており、こうした「リモートワークは不可能」と言われている業種・部署でも今後は可能になっていくのではないかと期待ができます。

障壁を乗り越える工夫

リモートワークの弱点とされるコミュニケーション不全、モチベーションの低下、連帯感・帰属意識の減少といった、障壁とされるマイナス要因に対しても、複数の企業がさまざまな対策を行っています。

ある企業は、環境整備上の工夫として、社内に大型モニターを設置し、会社とリモートワーク利用者間でウェブ会議システムを常時接続し、出勤している社員とリモートワーク社員が隣同士で座っているような感覚を演出し、いつでもコミュニケーションを取ることができる状態にしています。

また、社内報の発行やオンラインランチ会、地域別サークルの形成のサポートに組織全体で取り組んでいる企業や、コロナ禍において社員間の交流を工夫し、社員の家族向けに料理教室やバーチャル工場見学などのイベントを企画したり、同僚との雑談が恋しいという声には、仕事を離れたサークル活動を始めた企業もあります。サークル活動は、キャンプ、野球観戦から、投資勉強会など多岐にわたります。

これらの企業のなかには、リモートワークを使った働き方を進めてきた自社の実績・ノウハウをもとに、企業経営者、就労者、企業予定者、また最近は学生などに対して、講演会や定期的なセミナーを開いて普及に努めているところもあります。もし関心があれば参加してみるのも一考でしょう。

リモートワークとは何を改善するものなのか

働く人や企業にとって、リモートワークを行うことによって得られるメリットはたくさんあります。そして忘れていけないのは、これらは社会全体にとってもメリットになっているということです。わかりやすい例を3つほど挙げてみましょう。

①移動時間のゼロ化

最も分かりやすいものが、移動の必要がなくなることです。

まず通勤がなくなることで、そこに充てていた長大な時間を別のことに使えます。もし通勤に片道1時間かかっていたとすれば、往復で2時間、1カ月にすれば40時間、年間480時間にもなります。しかもそこでは体力も気力も損なわれていたかもしれません。この時間を、十分な休息や、家族や友人とのコミュニケーションに充ててもらったほうが、従業員本人にとっても企業にとってもどれだけ良いことか分かりません。

子育てや介護をしている人の場合、仕事をしながらでも、そばにいて見守れることは労働条件としてたいへん貴重なことと言えるでしょう。

これまで仕事か、家族か、どちらかを選ばなければならなかった人、逆に言えば、どちらかを諦めなくてはならなかった人が、いずれも両立できるのであれば、その人の人生をより豊かにすることにつながります。

企業にとっても、出産・育児・介護など、やむを得ない理由で、優秀な人材が離れていくことは避けたいでしょう。リモートワークならそうした問題も克服でき、安定的な雇用が維持できます。つまり、従業員が家庭でも安心して仕事ができることは、企業にとっても安心感につながるのです。

②遠隔地でのビジネス展開

次に、離れた拠点でビジネスを展開しやすいこともリモートワークのとても大きなメリットです。その土地の情報は、その土地にいる人のほうが得やすいものですし、そうであればこそ、ビジネスも上手に進めやすいものです。

希望があれば、仕事をやめず、企業に勤めたままで都市部を離れ、その企業の活動に参加できます。業種によりますが、それは企業側にも刺激となり、新たな気付きとなり、イノベーティブな影響をもたらす可能性もあります。日本においては地方創生という点でも、可能性を広げられるでしょう。

多拠点展開のメリットを冒頭に紹介しましたが、リモートワークは、それらのメリットを得られる手段の一つでもあります。

③コストやリスクを低減

企業にとっては、リモートワークによって減るコストもあります。

第一には、移動時間がなくなることで通勤費や出張費が減らせます。特に出張であれば、ほとんど移動という場合も多いでしょう。その時間を新商品の営業活動などに充てられれば、大きな生産性の向上も見込めるのではないでしょうか。

また、これは個人個人の健康状態にも影響するでしょう。従業員が健康を維持し、長期にわたって質の高いパフォーマンスを発揮できることは、企業にとっても有益であることは言うまでもありません。さらに、通勤・出勤中の事故に遭うリスクも減らせます。従業員の安心安全を保てるという点で企業には大きなメリットです。

ひとつの変革から次の変革へ

リモートワークを実行するうえで障壁は数多くあるかもしれません。しかし、いくつもの企業は、いずれも諦めずにそれらの問題点に対して果敢にチャレンジを繰り返し、それぞれのやり方で克服し、乗り越えています。

さらにそれだけでなく、育児・介護などの従業員の家庭の事情や、病気・障がい・高齢化などの従業員自身の事情を考慮し、働きやすく、できるだけ多くの人が活動に携われるよう、職場環境・企業文化の変革に取り組んでいます。そこに努力することで、企業価値が上がり、成長すると信じているからでしょう。そうした考え方のもとに今、これらの企業は広々とした新たな境地を歩き始めています。

ひとつ変革の歯車を動かし始めれば、連動していくつもの歯車が回り出し、新しい視野が開けてきます。例えばいったん本気でリモートワークができる体制づくりを始めれば、これまで考えつかなかった可能性にも思いが及ぶかもしれません。

リモートワークをうまく推進できていけば、拠点を増やすということが現実的になります。インターネットにより場所を選ばずに仕事ができるようになりましたが、やはりその場所にしかないヒト・モノ・コトはあります。

出会うことが大きな価値だからこそ拠点を増やすことには大きなメリットがあります。地域の資源は、地域にいる人のほうが得やすいと言えます。成長を進めていくためにも、これは非常に重要な考え方です。

さて、ここまで考えてきたところで「では、どのような場所に拠点を置くか？」という課題に至ります。

ここで大きな示唆を与えてくれるのがGoGlobalという、ある日本企業の働き方であり、そのサービスです。特にGoGlobalの例が指し示すのが「リモートワークを軸とした海外進出」という選択肢です。GoGlobalは、日本ではまだ珍しい「海外雇用代行」というサービスを提供しています。これは外国の現地人を、日本にいながらにして簡単に雇うことができるもの。同社は世界の約100カ国に200人以上のスタッフがいる、まさにグローバルな企業であり、自社としてもリモートワークが進んでいることは言うまでもありませんが、顧客企業の海外進出を積極的にサポートしてきた点でも、拠点を増やすことについて一定の知見を有しています。

本書の冒頭で、トヨタなどの日本を代表する企業のグローバル化について少し触れました。大企業を引き合いに出せば、それはあまりに高い障壁に感じられるかもしれません。しかし、中小企業でも海外進出が容易になるというサービスが生まれています。また、そもそも、過去あった海外進出と、本書で伝える海外進出とではイメージが違うかもしれません。

そして何より、ビジネスの領域を日本のみに限ることとの危うさが、海外進出を視野に入れてみても良いのではと考える点です。

今、海外を視野に入れることは、かつてほど難しくはなく、メリットはかつてより高いと言えるでしょう。そう考えたほうがいいくらい、日本のビジネスには危機が訪れているのです。次章では具体的に日本のビジネスの現状を見ていきましょう。

第二章　国境を乗り越える

1　日本のビジネスの危機

日本のビジネスが縮小していく？

近年、日本ではかつてのようにモノが売れなくなっています。景気の良さを実感できていない企業は少なくないでしょう。今、日本はどのような環境に置かれ、そしてどのような課題に直面しているのでしょうか。

原因はさまざまに考えられ、特定することは簡単ではありませんが、おそらく多くの方が「需要側にも供給側にも課題はありそうだ」と感じていると思います。

もう少し簡単に言えば、需要側による課題とは、マーケットの変化です。マーケットの状況が変わっていたり、そのニーズが変わっています。

一方で供給側の課題は、企業自身が今現在に抱えていたり、今後に抱えていくであろうものです。

日本の企業は、これらあらゆる方面の課題に対応していく必要があるのではないでしょうか。私たちは、これに対して、リモートワークを軸とした海外進出が一つの有効な手立てだと考えています。ですが、その具体例は第3章以降に詳しく述べるとしましょう。本章ではまず、課題について整理しながら、一緒に考えていきます。

人口減少時代の日本

①半世紀以上前に始まった高齢化

日本のビジネスの危機を考えるうえで、まずはマーケットの変化から話を進めていきます。

大きな話として、日本は人口減少の局面を迎えています。

そもそも人口が増えていた時代は、物を買ってくれる人が増え続けた時代でもありました。飲食店であればメニューを食べてくれる胃袋の数が増えてくれれば売上も上がっていくでしょう。同じことが、ほぼどの業界でも言えた時代でした。大量生産・大量消費という時代の流れがありました。

ところが、人口減少時代になれば、当然ながら物を買ってくれる人が減っていきます。限られたパイの奪い合いが一層過酷になっていくのです。

人口減少をもう少し細かく見れば、少子高齢化という問題に突き当たります。では、日本でこれが問題とされたのはいつごろからだったのでしょうか。

まず日本において高齢化が始まったのは、21世紀になってから、あるいはその少し前の１９９０年代からというイメージをお持ちかもしれません。しかし実際のところは、「高齢化社会」は今からすでに半世紀以上も前の１９７０年から始まっているのです。驚く方もいるでしょうか。

１９７０年と言えば、「人類の進歩と調和」をテーマに大阪で日本万国博覧会が開催された年。ＧＮＰ：国民総生産（代表的指標がＧＤＰ：国内総生産に変わったのは１９９３年から）はアメリカに次ぐ第2位。オイルショックが起こる前夜で、いわば日本の高度経済成長時代のピークともいえる時期でした。

多くの国民は、日本が世界に誇れる経済大国になったことを知るとともに、実際の生活面でも豊かさを肌で感じ始めた時期だったと言えるかもしれません。しかし、その繁栄の裏側で、静かに確実に、今日の人口減少社会の芽は育ち始めていたのです。

「高齢化社会」の定義は、65歳以上の人口が、全人口に対して７％を超えた社会ということ。これは1956年の国連の報告書で、65歳以上を高齢者とし、当時の欧米先進国の水準をもとにして7％以上を〝高齢化した〟人口としたことが始まりといわれています。

日本において1970年はこれに当てはまり、これだけ多くの高齢者を抱えるのは歴史上初めての経験でした。

しかし、都市や観光地には人があふれ、消費はまだまだ拡大し続けていました。そんななかで「日本は高齢化社会になりました」と言われても、耳を傾ける人など、ほぼ皆無だったでしょう。

②進む少子化と現代

今から見れば少子化の萌芽も1970年代にあったのかもしれません。1971〜74年は第2次ベビーブームであり、合計特殊出生率は2・0を超えます。それが75年に1・9に割り込むと、以後は右肩下がりの傾向を見せます。合計特殊出生率は、人口が増えも減りもしないとされる人口置換水準を下回っていきました。1990年には「1・57」ショックと言われ、社会的に少子化を課題にとらえるようになっていきます。

さらに1994年には、日本は高齢化社会が進んで「高齢社会」になりました。高齢社会とは、65歳以上の人口が全人口に対して14％を超えた社会を指します。

このころにはとっくに、バブル景気も終わっていました。多くの日本人が将来に漠然とした不安を抱くようになりながら、「少子高齢化」という言葉もまた重苦しいイメージとして受け止めたかもしれません。

その後、これといった有効な対策もないまま、2007年には、65歳以上21％超の「超高齢社会」へ突入。もちろん今後も高齢者率は高くなると予測され、2025年には約30％、2060年には約40％に達すると見られています。

海外ではスウェーデン、ドイツ、フランス、イギリス、アメリカなども超高齢社会になっていますが、日本の高齢化率はこれらのどの国よりも高くなっています。

少子化についても、やはり改善されず、2021年の合計特殊出生率は1・30人まで落ち込んでいます。

世界に先駆けて、少子超高齢社会に入っている日本では当然、これから先も人口は減少する一方でしょう。これはもはや変えようのない現実で、人口が減れば市場が縮小していくのも明らかです。

高齢者人口及び割合の推移

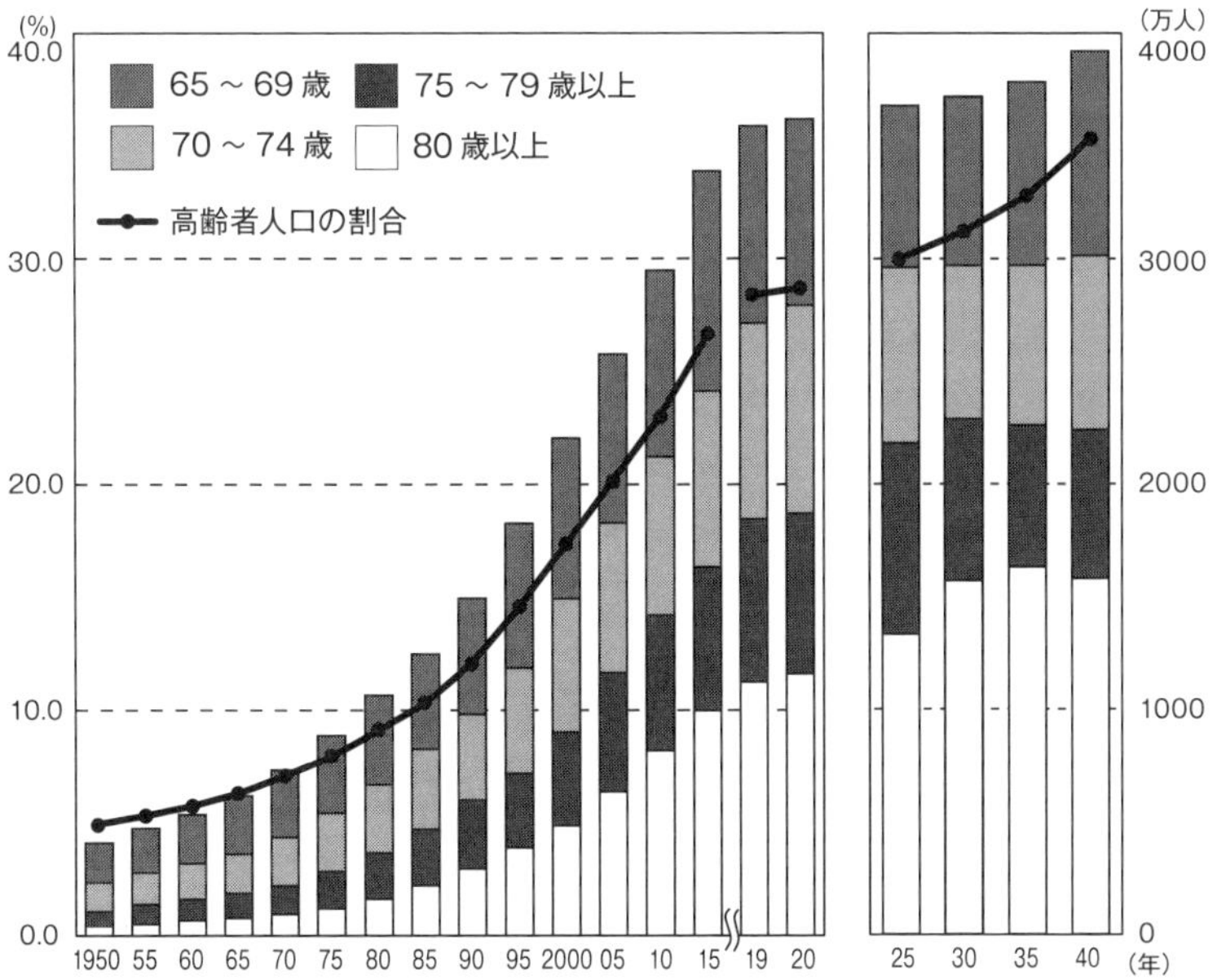

※1950～2015年は「国勢調査」、2019・2020年は「人口推計」より。2019・2020年は9/15現在、そのほかの年は10/1現在。国税調査による人口および割合は、年齢不詳をあん分した結果。1970年までは沖縄県を含まない。

日本特有のガラパゴス化現象

こうして減少していくマーケットのなかで、そのニーズも変化しています。少子高齢化に伴う人口構造の変化や、核家族化などの生活スタイルの変化などによるものも、もちろんあるでしょう。

そのなかで特筆しておきたいのが、さまざまな工業製品・サービスに見られる「ガラパゴス化」という現象です。

ガラパゴス化とは、その名のとおり、ガラパゴス諸島にちなんでいます。19世紀、イギリス人の生物学者チャールズ・ダーウィンが進化論の着想を得たことで有名な諸島でイグアナ、ゾウガメなど、地球上でこの地域の環境でしか生息しない生物が、太古から独特の生態系を維持しながら進化してきました。これは、周囲を海に囲まれており、世界の他の地域と隔絶された自然環境によるものです。

そして、これと同じことが日本で起きているのです。

世界的なシンクタンクである野村総合研究所（ＮＲＩ）ではレポートのなかで、日本国内の市場の特異性と、ガラパゴス化現象について言及しています。

いわく、日本では独特な環境（高度なニーズや規制など）に基づいた財・サービスの市場が存在する一方、海外では日本国内とは異なる品質や機能の市場が存在しています。日本国内の市場が独自の進化を遂げている間に、海外市場では「デファクトスタンダード」（事実上の標準）の仕様が決まってしまい、日本の企業がそれに気づいたときには、世界の動きから大きく取り残されてしまった――。これがガラパゴス化の経緯です。

実際に、日本国内でずっと暮らしていると実感しにくいですが、私たちの周囲にあるさまざまな工業製品やサービスは、日本独自の発展を遂げたものが多く、外国の市場では浸透しにくいことが大半です。

その代表例に挙げられるのが携帯電話でしょう。日本の携帯電話はテレビが見られたり、おサイフケータイ機能や赤外線通信機能を併せ持つなど、多機能化という独自の進化を遂げていきましたが、外国には受けませんでした。結果的にスマートフォンに置き換わっていき、それらの日本の携帯電話はガラケー（ガラパゴスケータイ）と、なかば揶揄されて呼ばれるようにもなっています。

同じようなことは軽自動車でも言われます。税制などの制度と、地理的な理由から日本では軽自動車が売れる傾向にあります。ところが海外へ輸出する際には、その安全基準を満たす必要があり、そのままの軽自動車を売ることは難しくなっています。つまり極論では、「日本でしか売れない車」を作っていると言えます。

しかし、ガラパゴス化のすべてが悪い方向に働いているわけではありません。古くは欧米の画家や美術愛好家を魅了した、幕末・明治の浮世絵。そして現代ではこの半世紀あまりの間、大量に生み出されたマンガ・アニメ・ゲーム・特撮作品などのサブカルチャーが、インバウンド需要として果たす役割は計り知れません。見方によっては世界に認められた日本文化の多くが、徳川幕府の鎖国政策など、外部の環境から遮断するガラパゴス化によって生まれたと言えるかもしれません。

逆転した日本製と海外製のイメージ

ただ、広い視野で考えると、デメリットをもたらしているケースが多くなっています。全体の傾向として、日本でしか通用しない規格を採用したり、日本や日本人固有の言語や文化、環境などによるニーズに基づいて商品を開発しているからです。

国内の限られた消費者を対象としながらも、成長を目指していけば、顧客1人当たりの単価を上げるような戦略をとることになります。すると単価を上げるためにも高性能化・多機能化を追求するのは、自然な流れでしょう。しかし、それによって売上は上がっても、世界市場で勝負できる商品力が上がったかと言えば、難しいものがあるのです。

一方、世界市場で営業を展開するグローバルな企業の商品は、国や地域、人種を問わず、万人に受け入れられることを目指して開発・販売されています。

かつては、それが日本市場独特のニーズを満たせておらず、「海外製よりは日本製」という風潮もあったかもしれません。海外メーカーにとっては、外国である日本へのサポート体制を築くのも簡単ではなかったため、不利な競争だったでしょう。

ところが、時間が経過し、時代が変わるにつれて逆転現象が起こってきました。

日本企業は日本市場ばかりを見て、ニッチな機能を追求してきましたが、海外企業は世界市場での厳しい競争を経験してきました。競争を勝ち残ってきた海外企業は強く、一定数のグローバルモデルは、日本人の要求も満たすようになってきています。サポート体制も整えられていくと、海外製のグローバルモデルが浸透。日本企業が太刀打ちできないというパターンも増えてきました。

けっして日本の製品・サービスが劣化したわけではありません。品質的には優位性を保ち、企業努力もしています。しかし、消費者に「ニーズを満たすなら安い海外製品を買えば十分」と思われてしまっては勝ち目がありません。

こうしてあまりに個性的で、ある意味、ハイレベルな進化を遂げてきた日本の製品・サービスは、国内でこれまで以上に市場を広げることが困難になりました。いくら良い製品、良いサービスでも、それを買ってくれる顧客がいなくてはビジネスとして成り立ちません。国内にばかり目を向けていては、企業活動が立ちいかなくなる業種が増えつつあるのです。

21世紀も20年余りが過ぎ、世界が大きな転換点を迎えていることは誰の目にも明らかです。特に地球環境と人権尊重は、軽視できない重要な価値観になってきています。今、世界は「持続可能な開発目標（ＳＤＧｓ）」を合言葉に脱炭素化社会に向かって動いています。「ダイバーシティ&インクルージョン」という思想も社会に浸透してきています。ダイバーシティは英語で多様性、インクルージョンは受容を意味しており、年齢・性別・人種・宗教・趣味趣向を問わず、多種多様な人が互いの考え方の違いや個性を受け入れながら、ともに成長することを表しています。

最近ではビジネスシーンにおいてもＳＤＧｓ経営、ダイバーシティ経営という考え方がクローズアップされ、企業価値向上とビジネス成長に不可欠なものと言われています。もはや日本の企業もこうした潮流・価値観の変転と無縁ではいられません。

2 「タレント不足」の靴音が聞こえる

人材不足が加速する

日本のビジネスを、人材という観点から見れば、さらに問題は深刻だと言えます。この原因も前項に挙げた、人口減少と少子高齢化の影響は明らかでしょう。人口が減るということは買い手が減るということでもありますが、企業にとっては働き手が減るということです。15歳から64歳の、いわゆる生産年齢人口は１９９５年の約８７００万人をピークに減り続け、２０２１年には７４５０万人となっています。これは前年に比べて約59万人の減少です。つまり日本では年々、働き盛りの世代が少なくなっているという現状があります。

また、生産年齢人口の構成も変化し、若い人は減り、高齢者は増えています。高齢者が定年などで引退すると貴重なノウハウや経験までが企業から去っていきます。これを埋めるために若い人を採用しようと募集をかけても、人が集まらないという問題があります。これへの対策は今後、どの企業も抱える課題でしょう。

こうした人材不足を補うためにも、近年はＤＸに注目が集まっています。

ＤＸは経済産業省では「企業がビジネス環境の激しい変化に対応し、データとデジタル技術を活用して、顧客や社会のニーズを基に、製品やサービス、ビジネスモデルを変革するとともに、業務そのものや、組織、プロセス、企業文化・風土を変革し、競争上の優位性を確立すること」と定義しています。

人材不足という課題解消においても、ＩＣＴツールによるワークフローの効率化や、ビッグデータによるベテランのノウハウの蓄積とＡＩ解析など、ＤＸに寄せられる期待は非常に高いものがあります。経費精算や事務作業などのＲＰＡ（ロボティック・プロセス・オートメーション）化なども注目の高い分野です。

政府も２０２１年９月にデジタル庁を設立。民間企業から指導力のあるＩＣＴ人材・デジタル人材を多数採択して専門の部署を設け、ビジネス界のみならず、社会全体にＤＸを普及・浸透させようと力を入れています。

こうした背景もあり、今、特に人材不足なのがＩＴ業界かもしれません。

つまり、「人材不足を解消する」ための「人材が不足している」という、笑うに

求人倍率の推移

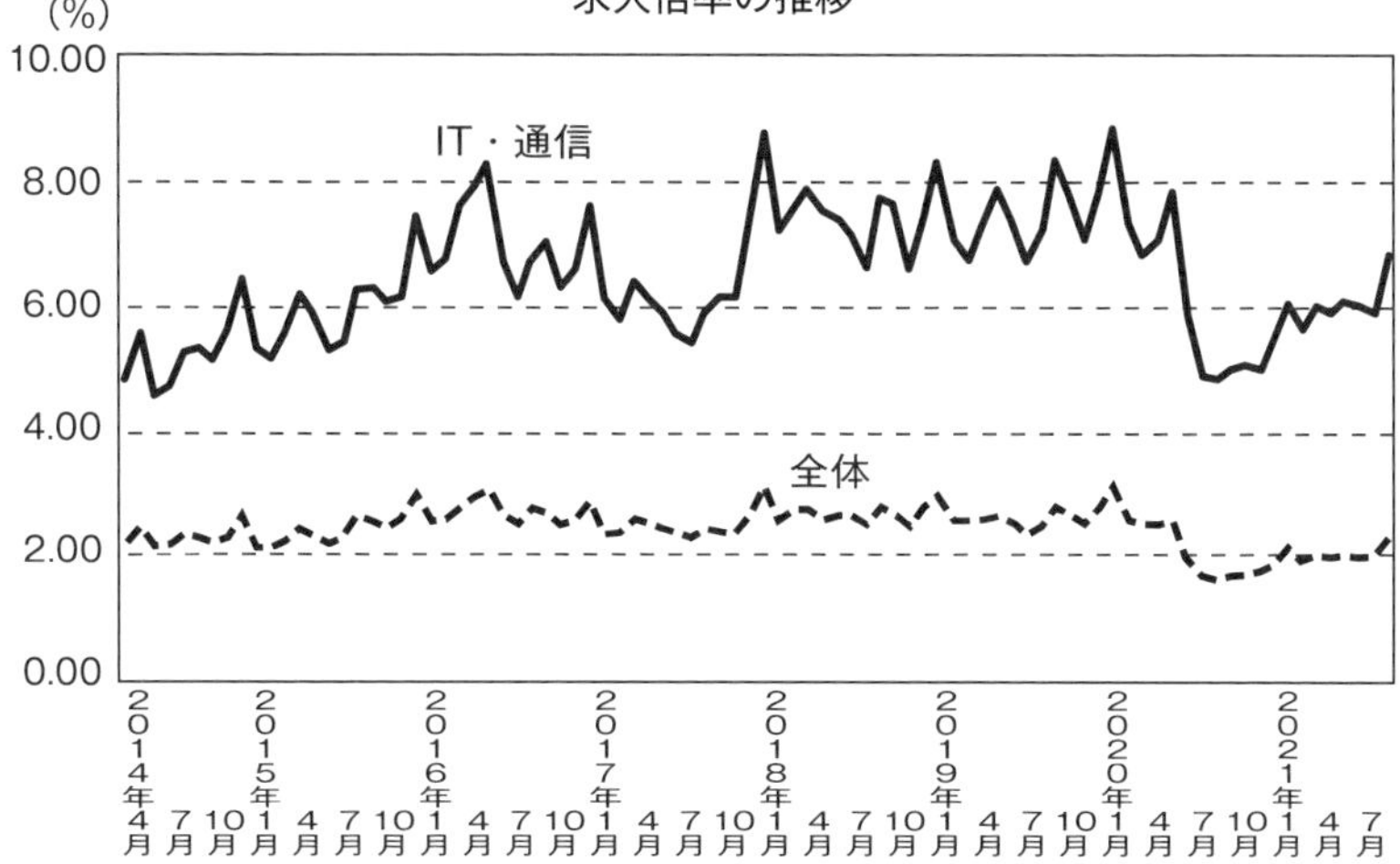

（2021年7月、doda転職求人倍率レポート）

笑えない状態です。一例としてパーソルキャリア株式会社はＩＴエンジニアを積極的に採用している企業ですが、２０１９年に新卒でも実力さえあれば年俸１９００万円を提示できる評価制度を導入しました。これは、それだけの金額を提示してでもＩＴ人材が求められているということと、それだけ人材が不足しているということの二つの現状を感じさせます。

　ＩＴエンジニアなどの求人倍率は他職種に対してかなり高い傾向にあり、各企業間で取り合いが激化しています。

よくある人材対策の例

このように、今日、ほとんどの業界が悩まされているのが人材不足です。現代は昔のように転職することが後ろ向きにとらえられていないため、人材の流動性が高くなっています。

そのなかで企業はどのように対策をとっているのか。以下に代表的な例を挙げてみます。

①従来の雇用形態にこだわらない

第一には、人事制度の見直しです。

従来の雇用形態にこだわらず、能力のある人材を柔軟に受け入れられる仕組みを作ること、また、新たな能力の獲得を支援する仕組みを作ることが何よりも求められます。それによって人材確保の間口が大きく広がるでしょう。

このなかには、女性やシニア層にとって働きやすい環境づくりも含まれてきます。

中小企業庁の調査では１９９５年から生産年齢人口が減り続けているのに対し

て、実際に労働の意思と労働可能な能力を持つ労働力人口はそれほど大きな減少を見せていません。労働力人口とは、就業者と完全失業者の合計、あるいは生産年齢人口から非労働人口を差し引いて算出されます。

労働力人口があまり減っていない原因は、65歳以上のシニア層と女性の労働参加率が上昇しているからです。これによって、現在の労働力人口が底上げされていると言ってもいいでしょう。

しかし例えば、出産育児休暇の取得のしやすさや復帰についての職場からの理解はまだ十分とは言えません。

あるいはシニア層へは、定年の引き上げや再雇用制度の充実などで、その経験や技術をなるべく長く自社で生かしてもらえるような仕組みづくりも検討していく必要があるかもしれません。

フルタイムの正社員だけで企業を支えるのは、やや軟弱な基盤ではないでしょうか。従来の雇用形態にこだわらず、多様な形態で働けるようにすることは人材不足への一つの有効な手段です。

②離職対策をとる

人材採用がうまくいっても、すぐに離職されてしまっては意味がありません。ましてや、今いる貴重な人材に出ていかれることはできる限り食い止めたいものです。

そこで考えられる離職対策はさまざまです。

先ほど述べた出産育児休暇や再雇用制度なども、働きやすさという点で企業の魅力を引き上げてくれる重要な離職対策です。

また、副業を認めることも対策の一つに考えられます。

収入源の増加、自己実現、スキルアップなど、社員・従業員側のメリットばかりが注目される副業ですが、企業側から捉えた場合、社内の活性化につながる効果が期待できます。つまり副業をしている人が、第三者的目線から新鮮な意見やアイデアなどをもたらしてくれるというのです。そこから新たなイノベーションの可能性が高まることも十分に考えられます。

日本ではまだ副業を原則禁止にしている企業が多数派ですが、現在では能力や本人の希望に適した柔軟なワークスタイルが広がっており、副業を認める企業も次第に増えつつあります。

③コア業務とノンコア業務を分ける

3つめは、業務を抜本的に見直し、システムやアウトソーシングを活用することです。仕事量と人材のアンバランスを是正することで根本的な課題解決につながる場合もあります。

特に直接利益を生まないノンコア業務を見定めてみましょう。

一般的には経理や労務、総務など、バックオフィス系の仕事を指すことが多いようです。ノンコアの特徴として挙げられるのは、「決まったパターン、もしくは定型化できる業務（ルーティンワーク）」「月次や年次など定期的に発生し、その他の期間には担当者を置かなくてもいい業務」などです。あるいは、属人的に処理されることが多く、社内にノウハウが蓄積されておらず担当者がいなくなったときに困ってしまうような業務も早いうちにメスを入れたほうが良いものです。

時間や人手、経費がかかりすぎている作業や工程は、思い切って方法を変えてみると、企業の体質が劇的に変わり、競争力強化にもつながります。

ただし、何がコア業務で、何がノンコア業務かは会社ごとに違うため、一概には言えません。ですから慎重に検討することが必要です。

例えば、労務管理を社内で人が行っていることによってスムーズに経営ができ、業績向上につながっている場合は、その業務はその企業にとってはコア業務ということになるでしょう。自社にとってのコアとノンコアをしっかり分析し、重要な部分に人材を集中させるため、ノンコアと見なせる業務を省力化していくことが大切です。

十分なスキルの人材を採用できるか

もう一つ、企業にとっては「誰でもいいわけじゃない」という本音もあるはずです。グローバルな視点から見れば、日本は人材育成に投資をしていないという現状があります。であれば、そもそも人があまり育ってきていないと言えます。

内閣府によれば、日本企業の人材投資額はGDP比で0・1%です。これはアメリカ（2・08%）やフランス（1・78%）、イギリス（1・06%）と比べてかなり低い数値です。

「学び直し（リカレント）制度」などによる人材育成も重要となります。ただし、人材育成には一定の時間がかかります。研修費や教材費などのコストの負担も小さくないでしょう。

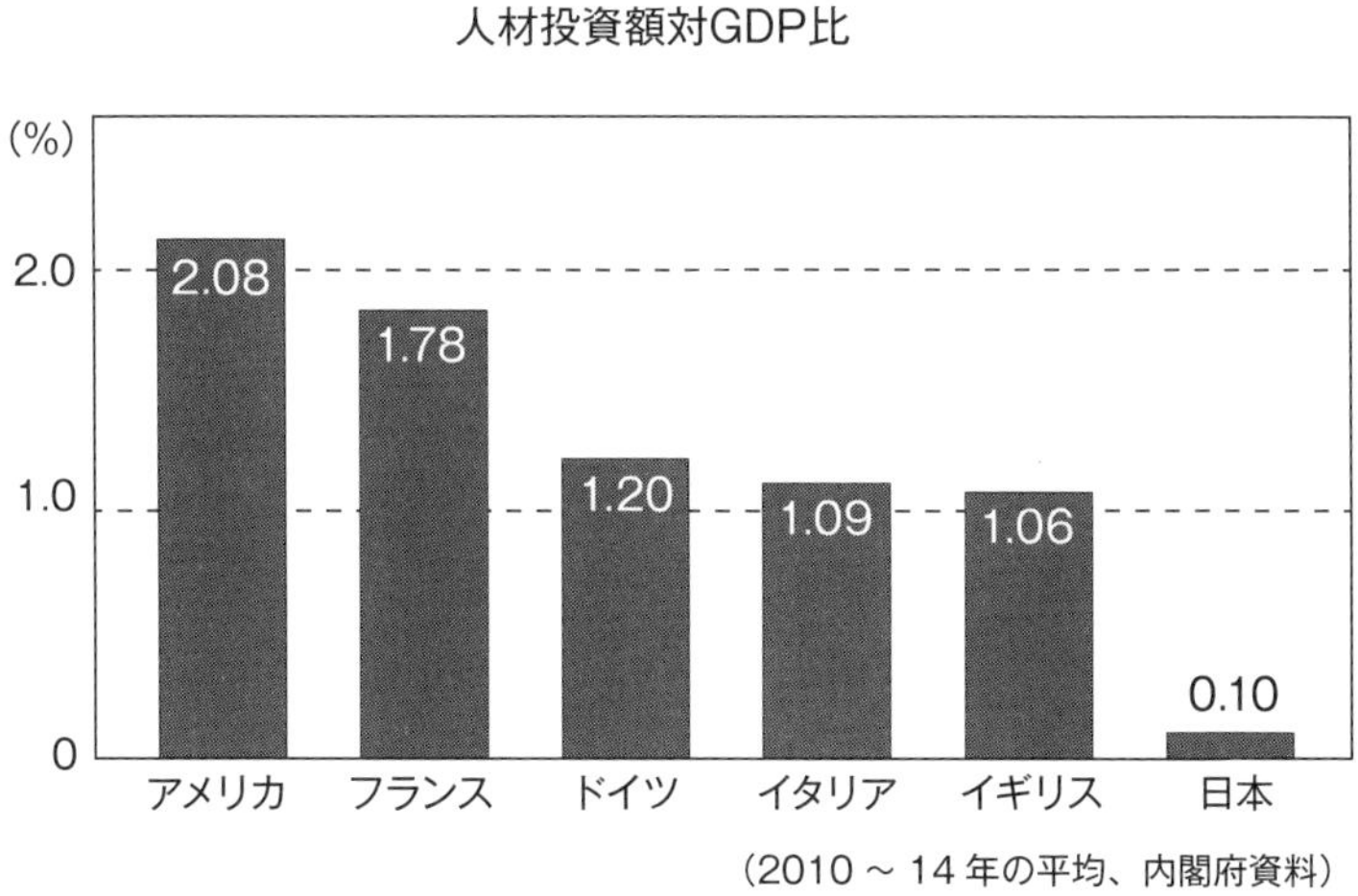

せっかく成長してきた人材が転職するケースもあります。対策がとりづらい場合もあります。しかし、例えば里帰り出産で一時的に離職した社員が、そのまま引っ越してしまい、退職するケースはどうでしょうか。もしかしたらリモートワークで勤務が続けられれば、そのまま働いてくれたかもしれません。こういう場合は実に残念だと思います。

人材不足の現状にどのような手を打つか、企業へ判断が迫られています。

3　現実味を帯びる海外マーケット展開

海外へ目を向ける

こうした現状に日本の企業はいかに対応していけばいいのでしょうか。

先に述べたとおり、国内の市場規模が縮小すれば、それだけ売り上げを伸ばすのが難しくなります。少ない顧客の奪い合いで企業間の競争は激しくなり、一握りの勝者を除いて多くの企業はシェアを失い、利益が落ちていくでしょう。

勝者となった企業も消費動向が激しく移り変わるなかでいつまでも安泰というわけにはいきません。そんな状況から多くの企業が海外進出を試みるのは、むしろ自然なことと言えるでしょう。

日本の人口は現在、約1億3千万人。それに対して世界全体の人口は約80億人です。日本は人口が減少していきますが、世界の人口はアジア・アフリカなどの地域で増え続けています。

現在人口が大きく増加している国はインド、ナイジェリア、エチオピア、インド

海外進出日系企業の拠点数

地域	企業拠点総数	企業形態						
		本邦企業の海外支店等	本邦企業が100%出資した現地法人		合弁企業※1		日本人が海外に渡って興した企業※2	区分不明
			法人	支店等	法人	支店等		
アジア	53,431	1,323	8,296	3,048	4,038	2,852	1,168	32,706
大洋州	1,337	45	497	244	57	22	444	28
北米	9,827	421	2,882	4,626	320	247	1,036	295
中南米	2,803	135	1,151	488	256	86	636	51
欧州	8,300	686	2,932	2,136	576	225	1,055	690
中東	926	230	220	193	165	65	41	12
アフリカ	927	184	165	219	129	83	133	14
合計	77,551	3,024	16,143	10,954	5,541	3,580	4,513	33,796

※1　本邦企業による直接・間接の出資比率が10%以上の現地法人
※2　日本人の出資比率10%以上
（出典：外務省「海外進出日系企業拠点数調査」2021年調査結果より作成）

ネシアなど。これらの国の増加率は著しく、それに伴って市場規模の拡大も見込まれています。

インドについては、２０２２年７月に国連が、翌年に中国（14億２６００万人）を上回り、世界最多人口になるという推計を発表しています（ちなみに3位はナイジェリア）。

こうした海外の市場規模の大きさや今後の経済発展を見据えれば、海外進出を視野に入れることは不思議な話ではないでしょう。

さらに言えば、コストの観点でもメリットはあるかもしれません。

生産拠点として考えた場合、アジア・アフリカ・中南米などの新興国は、人件費や材料費が低く、日本国内の20％程度に抑えられると言われています。少子高齢化の影響で労働力確保が難しく、人件費の高騰が懸念される日本では、これも海外進出の大きな動機となるでしょう。

ただし、少し前まで「世界の工場」と言われた中国の例もあるように、人件費や材料費は、その国が経済的に豊かになれば、高騰していくのは当然です。今、人件費の安い国々もいずれは中国と同じ道をたどるでしょう。ですから人件費の安さばかりを考えるのは危険で、中長期的な視点を持って進出を考える必要があるでしょう。

むしろ採用という点では、海外の優秀な人材を採れることのほうがメリットがあるかもしれません。製造業やＩＴ業のエンジニアなどは、その代表的な例です。前項で挙げたように人材不足が加速する現代で、海外人材も視野に入れることは非常に大事なポイントでしょう。

販路の拡大やコスト削減は日本企業が海外進出する動機であると同時に、最も期待できるメリットでもあります。海外市場をターゲットにすれば、国内では難しい大きなビジネスチャンスをつかめる可能性が高まります。うまく成功できれば、日本国内で製品やサービスを展開する何倍もの利益を上げられるでしょう。

人件費や材料費のコストが安いことは前述しましたが、税金もまたコスト削減の対象です。外国企業に対して税制を優遇する「経済特区」を設けている国もあります。中国の深圳《シンセン》や厦門《アモイ》は外貨誘致を目的に開発された地域として有名ですが、他にも東南アジアでは、ベトナム、マレーシア、カンボジア、タイ、ミャンマー、フィリピンなどに経済特区が設けられています。これらの特区では、日本からもさまざまな業種の企業が出て事業展開を行っています。

外務省「海外進出日系企業拠点数調査」の２０２１年調査結果によると、世界中に７万７０００以上の日系企業拠点があります。その多くは潤沢な資本と人材を持つ大企業と思われ、主に海外支店、現地法人、合弁企業といった形で拠点を設けています。

管理ハードルの実態

こうしたメリットがあると言っても、一方で懸念材料は当然にあります。

例えば人材管理はその最たるものかもしれません。言語も文化も違う人同士が働くということに二の足を踏むというのは、うなずける話です。

海外において労働市場は非常に流動的です。多くの国で、一般的な労働者は、今より条件が良い会社があれば、すぐに転職していくという価値観が浸透しています。人材を定着させ、離職率を低減させるために十分な報酬とキャリアアップの機会を準備する必要があります。具体的には明確な人事評価と昇給基準を整備し、現地スタッフが納得して働ける労働環境をつくることが必要です。

また、欧州の先進諸国を中心に、労働者の人権問題に対する意識が急速に高くなってきているので、雇用する側としては十分な配慮が必要です。

日本は、2011年に国連人権理事会の関連決議において支持された「ビジネスと人権指導原則」に基づき、2020年10月に行動計画（NAP）を策定。企業によるビジネスと人権の取組を政府としても促進するとともに、企業に対し、人権デュー・ディリジェンス（人権DD）導入を期待すると表明しています。人権DDとは、企業活動における人権への負の影響を特定し、それを予防、軽減させ、情報発信をすることです。

こうした背景もあって、日本貿易振興機構（ジェトロ）の調査資料「2021年度海外進出日系企業実態調査　全世界編」によると、世界のどの地域でも半数以上の日本企業が、サプライチェーンにおける人権問題を経営課題として認識しています。その数は今後もますます増えるでしょう。特に児童労働や性差別、人種差別、労働基準・労働条件などについては、どこの企業も非常に注意しているようです。

また、新たに海外に進出する場合、準備段階で相応の人手・時間・労力が掛かります。市場調査から始まって法人設立手続き、通訳依頼、事務所や店舗、業種によっては工場の開設など、やらなくてはならないことは多岐にわたり、もちろん、そこにかかる費用も多額に上ります。

それだけ大きな投資をしても必ず成功するという保証は、もちろんありません。経営陣の間で「もしうまくいかなかったら」と、リスクを恐れる気持ちは当然生まれます。この点が海外進出に対して日本企業、特に中小企業が躊躇せざるを得ない理由となっています。

こうしたコストやリスクについては、何も知らないからこそ不安が増します。海外進出は確かにためらわれることかもしれませんが、それも、自社のみで考えようとするからそうなるのではないでしょうか。

これは多くの分野に言えることですが、人の助けを得ると随分とスムーズに事が運ぶケースがあります。DXもその代表例でしょう。「当社のデジタル化は進んでいる」と話す企業は多いものです。ただ、ふたを開けてみれば各部門ごとに異なる担当者が全体感なしにソフトを導入したがために、結局は企業として使いやすいデータ連携がなされていなかったり、コストがかさんでいるということもあります。

海外というのは、日本でしか仕事を進めてこなかった企業にとっては、まさに〝未知の世界〟。リモートワークを軸とした海外進出を果たすにしても、そのイメージが湧いてこないかもしれません。

私たちはすでにこれまでの経済・産業構造が変化する大転換期の渦中にいます。国内市場の縮小と人材不足は、そこから生まれた顕著な現象の一つで、今やけっして避けて通れない課題です。その課題を克服して難局を生き残り、未来への発展を目指して海外へ目を向ける日本企業が今、増えつつあります。

次章ではそれがいったいどのようなものなのか。具体的な例を紹介していきましょう。

第二章　リモートで仕事を進める企業たち

1　GoGlobal

――タイムマネジメントとワークマネジメントの両立

2018年創業の新進気鋭のスタートアップ

「世界中どこでも、欲しい人材を採用し、人間的で思いやりのある人事サポートを提供する」

GoGlobal はこうした想いから日本で２０１８年に創業した企業です。創業以来、急速な成長を続け、２０２２年11月現在でスタッフは約２００人にまで増えています。

成長の要因は、同社が提供するサービスが日本はもちろんのこと世界から強く求められているものであり、同社がそのニーズに応えてきたからです。対応力の根底には、他ならないリモートワークがあります。

GoGlobal は、海外雇用代行サービスを主な事業としています。

海外雇用代行とは日本ではまだなじみの薄い言葉でしょう。

企業が海外にもビジネスを広げたいと考える際、一般的にはその国に事務所を構え、そこで現地の人を雇い、事業を営むことになります。しかし、そこには多くのステップがあります。ましてや、慣れない外国の手続きや慣習のなかで進めなければなりません。

海外雇用代行では、こうした煩雑な手続きを大幅に減らすことができます。働く人はGoGlobalと直接、雇用契約を結びながら、実際にはその企業のなかで働くという仕組みです。現地の市場調査や試験営業、さまざまな手続きを行いたい場合など、自社で駐在所を作り、自社の従業員を派遣しなくても、働いてもらいたい人材をGoGlobalが雇用するという仕組みで業務が行えます。

このビジネスモデルは２００６年ごろに、アメリカでスタートしました。背景には企業の海外進出を支援する、人材の雇用をよりフレキシブルにする、そして世界各地のインターネット環境が一通り整備された、といった3つの理由が挙げられるでしょう。アメリカではＥＯＲ（Employer of Record ＝記録上の雇用主）と呼ばれます。本書では、同じ意味として海外雇用代行と呼びます。

そして、「海外雇用代行は、日本企業の海外進出や雇用に対する考え方の変革につながるのではないか」と考えた結果、日本で創業されたのがGoGlobalでした。

100カ国以上、2000人以上の人材

クライアント企業は働いてもらいたい人材について、履歴書の確認や面接など、おおむね通常の採用プロセスを踏みます。そして、お互いが合意となれば、その人材とGoGlobalが契約を結び、勤務スタートとなります。

拠点を置かなくても進められることも大きなメリットで、働いてもらうスタッフが少人数であれば、そのスタッフたちは在宅勤務が中心。もちろん、その国のレンタルオフィスを契約するなどで、拠点を作ることも可能です。

いずれにしてもGoGlobalと雇用契約を結び、クライアント企業の一員となる人材は、当然ながら、ほぼ100%、リモートワークで働くスタッフとなります。

同社はこれまで、のべ500超のクライアントにそのサービスを提供。2022年11月現在、海外雇用代行として、クライアントのもとで働く人材は約100カ国に2000人以上にもなっています。世界各地にスタッフ、クライアントがいて、24時間常に誰かが稼働しているという、クライアントにとってありがたい企業でもあります。

しかし一方で、「世界中にスタッフとクライアントがいて、その対応を24時間しなければならないというのでは業務に切れ目がないのでは？」という疑問を覚える方もいるでしょう。事実、多くのスタッフやクライアントを抱える同社ですが、実際にビジネスを回すための約２００人のスタッフは世界に散らばっているために、日本には10人ほどしかいません。その10人で多くの業務をこなすことは、そう簡単ではないでしょう。

「どこでも働けるということは、極端に言えばどこにいても働く必要があるということの裏返しになってしまうとも思います」

このように話すのは同社の代表取締役を務める渡辺さち氏です。

もともとはコンサルティング企業に勤めていた渡辺氏。当時は、朝、都心にあるオフィスまで出社し、夜帰宅するというごく一般的な会社員生活を送っていました。それがGoGlobal入社後は、ほぼリモートワークに切り替えています。オフィス勤務も在宅勤務も経験したうえで、気を抜けば業務が長時間に及んでしまうというリモートワークの課題について、身をもって体験してきました。

「24時間いつでもつながれるため、夜中に目を覚ましたときにうっかり着信メールなどを見てしまうと大変です。笑い話のようですが、夢にまで見てしまって『返信したのは夢か現実か』と、なかなか切り替えができません。休暇をとっていたとしても、メールが来たら、つい返信してしまうこともあります。気を付けないと本当に24時間365日労働になってしまいます」

では、これをいかに同社は解消していったのでしょうか。

そこで出て来たのが、タイムマネジメントとワークマネジメントの重要性です。

タイムマネジメントを重視し、休暇制度を充実させる

まずタイムマネジメントについて紐解いていきましょう。

渡辺氏は「そもそも、当社のリモートワークとは、『9時から18時まで』という仕事とはちょっと違うと捉えています」と話します。

海外と働くということは、時差を考慮しなければならないということです。すべてを日本時間に合わせるわけにもいかず、相手の時間に合わせなければならないときもあります。すると、例えば「9時から18時」という決められた時間のなかで仕事をすることはかなり難しくなります。時差の少ないアジア圏だけに限らず、ヨー

ロッパや北米、南米など、各国に合わせる際には当然ながら夜中に会議をすることもあるといいます。

「リモートワークで夜中にも会議して、日中も連絡をするとなると『どれほど長い時間を働いているのか』と思われるかもしれません。ですが、仕事と仕事のあいだに家事をしたり、ジムでトレーニングしたりと、仕事ばかりではありません。クライアント第一として、確かに長く働いているとは思いますが、その分だけ休むときには休みます」

休むときには、きちんとそれを社内に宣言。休みの重要性を社内で共有するからこそ、そのあいだの連絡はないそうです。

渡辺氏と同じく、同社で代表取締役を務める、沖室晃平氏はさらに続けます。

「当社では、上限なしに休みたいときに休めるという休暇制度を設けています。シリコンバレーのテック系企業で流行っているような、アンリミテッド・バケーションですね」

一般的な企業では、社員ごとに年間の休暇日数が定められています。それがGoGlobal の場合には、特になく、何日休んでも構わないといいます。

「部署によって休めるか休めないかは、それぞれの事情はあります。ですが、海外とのリモートワークでは、長時間働くことが予想されますし、どうしても早朝や夜遅くの会議が避けられない部分があります。そこで、制度として、日数の上限無しに休めるという休暇制度を設けています。スタッフも喜んでくれていますね」

実際のところ、それで本当に上限なく休むかと言えば、そうでもないようです。ヨーロッパの拠点では、文化の違いもあって長めに休むそうですが、日本人は逆に「いくらでも」と言われると長く取りづらいようだと沖室氏は話します。

業務の引き継ぎをスムーズにさせるワークマネジメント

ただ、その一方で休みたいときに休めば、業務が回らないことは自明の理。そこで重要になるのがワークマネジメントです。

沖室氏は続けます。

「この制度は、好きなときに休める制度ではありますが、その前提として、休めるようなバックアップ体制を整えておいたり、業務を完了しておいたりすることを求めています。この基準についてはガイドラインを作り、スタッフと共有しています」

バックアップ体制を整えるということは、1人で仕事を回さないということでもあります。もし、あるクライアントを、スタッフ1人だけで担当していた場合、そのスタッフが休みをとれば、クライアントにとって困ることもあるからです。部署ごとにルールは異なりますが、ある部署の場合、クライアントには2人以上の担当者がつき、1人が休めば、必ずもう1人がカバーできる仕組みをとっています。

これについては渡辺氏も次のように付け加えました。

「1日や2日の休みならあまり問題は生じませんが、やはり3日以上の休みを取るとなれば、その1週間ほど前には引き継ぎを行っておくようにします。そのうえで3日ほど前から社内外にもメール連絡をします。また、休みの間に予想される業務対応などをリストアップし、引き継ぐ相手に共有。そして、引き継ぎが終わった段階で、上長であるマネジャーに承認を得て休むという手順を踏むようになっています」

引き継ぎ自体も、時間をかけていては、やはり長時間労働につながります。これは特にマネジメント層が意識したいポイントだとも指摘する沖室氏。日本的なやや曖昧な意思表示では、意図が曖昧なままで仕事を進めざるを得ず、それが長時間労働の原因にもなると話します。業務を整理し、正確な指示を短時間で伝えられるようにすることは、重要なスキルです。もちろん業務自体を効率よくこなすことも、時間の短縮化につながります。

これらのタイムマネジメントとワークマネジメントの重要性は、そのまま、働くスタッフのスキルアップへの意識付けにもつながっていきます。実際に、リモートワークを追究していくと、こうした力が身についていくと同社は感じています。

リモートワークについて渡辺氏は話します。

「リモートワークは、特に子育て世帯だとかなり重宝するものだと思います。日本だと通勤の満員電車はとても大変ですよね。その時間がなくなって、家事や育児に充てられることは大きなメリットだと思います。リモートワークをやるなかでタイムマネジメントなどの力は必須になるでしょうし、実際身に付きます。これは母親目線ですけれども、今まで通勤時間に充てていた時間で、さっと洗濯して、パッと掃除するとか、効率よくできますよね。ミーティングしながら家事……はもちろんやりませんが（笑）、極端なこと言えば、それさえできるという柔軟性もリモートワークの良さですよね」

2　メロディ・インターナショナル
――人生をサポートするリモートワーク

産婦人科の遠隔診療システムを開発

「世界中のお母さんに、安心・安全な出産を！」

そんなキャッチフレーズを掲げ、医療と健康をＩＣＴでサポートするメロディ・インターナショナル株式会社は、世界中の妊婦さんと医師に向けて、コミュニケーション・プラットフォームを構築していくことを目的に、２０１５年7月、香川県高松市でスタートした企業です。同社が開発した妊婦さんと赤ちゃんの健康管理プラットフォーム『Melody i』は、ＩＣＴを用いて遠隔医療を進めるイノベーティブな機器です。『Melody i』は２０２２年10月時点で、国内では約２０００の医療機関に導入されています。

代表の尾形優子氏は２００２年、産婦人科に特化した電子カルテの企業を経営していましたが、その時期から10年ほどの間に日本から産婦人科医が激減。特に離島や山間部などの過疎地域には「妊婦さんが通うところがない」「産婦人科にかかるのが難しい」という問題が出てきました。そこで尾形氏はその解決策として、医師がいない地域でもおなかの中の赤ちゃんの状態を診療できる遠隔医療の普及事業に取り組み始めたのです。

本拠地を香川県高松市に置いた理由は2つあります。

1つは香川大学医学部（もと香川医科大学）が、日本で初めて胎児モニターシステムを開発し、母子医療の分野では最先端の技術を持っていたこと。そして、瀬戸内海の島々で暮らす妊婦さんたちのニーズがあったからです。妊婦検診だけで丸1日費やさなくてはいけない離島の不便さは、何かリスクがある場合は不幸な出産を招きがちです。事実、香川県は1980年代まで新生児の死亡率が全国ワースト5に入っていました。

そうした状況を改善したいという研究者の努力によって大学病院内にモニターシステムの導入が進み、妊婦さんの管理をきっちりするという仕組みを作り上げた結果、同県の妊婦・胎児の死亡率は大きく下がりました。メロディ・インターナショナルがスタートして間もない2016年と17年は2年連続で全国最低の死亡率を記録するまでになったのです。

東南アジアへの進出

日本の母子医療は世界でもトップレベルにあり、その日本で最も低い妊婦・胎児の死亡率を記録したということは、世界にも積極的に売り出せる優れた技術であると言って差し支えないでしょう。

尾形氏と研究者は、スタートアップ前からタイをはじめとする東南アジア地域に足を運び、現地の大学や病院、公的機関などと交流を深め、当初から国内と並行してグローバルな事業展開を考えていました。

まず進めたのは、外務省が管轄する政府機関のＪＩＣＡ（国際協力機構）、そして、国連機関のＵＮＤＰ（国連開発計画）との協働事業です。『Melody i』のような母子医療の遠隔診断システムはまだ他にないため、これらの機関から注目され、母子医療が脆弱な世界の新興国を中心に導入が図られており、２０２１年にブータンで利用が始まったというニュースはメディアで話題を集めました。

また、サウジアラビアに本拠を構える国際的な商社と提携して中東地域への進出も始まっており、社会貢献とビジネスの両面から事業拡大に努めています。これら海外とのやりとりの他、国内でも東京・神奈川・京都などに在住する従業員が普段からオンラインで勤務するなど、リモートワークをフル活用しています。

タイオフィス開設に際して海外雇用代行を活用

メロディ・インターナショナルは、2022年3月にタイのチェンマイ大学内に初の海外オフィスを開きました。今のところは現地調査を主体とした、いわば駐在員事務所のような形ですが、そこで働く現地のスタッフは先述したGoGlobalの海外雇用代行サービスを利用してベストな人材を雇用しており、チャンスがあればいつでも営業活動に移れる用意を整えています。ちなみに駐在員事務所の場合だと、営業活動は禁じられています。

どんな状況で拠点を開き、そのスタッフが働くことになったのか説明してくれたのは、取締役CIOの二ノ宮敬治氏です。

「タイの医療は日本をしのぐほどクオリティーが高く、弊社ではタイにおいて以前から実証実験を繰り返し行ってきました。そこでいろいろなデータを取得し、それらのデータに基づいて『Melody i』を製品化したという経緯があるのです」

日本国内では新しい医療機器のテスト臨床を行うのは、費用も時間もかかり過ぎてとても難しいと言います。チェンマイ大学は香川大学の提携校で、設備も利用しやすく、開発業務が非常にはかどりました。そういう意味では、同社にとってタイを第2の拠点とするのは自然な流れだったのでしょう。拠点開設にあたってはＪＩＣＡの「草の根技術協力事業」の投資を活用し、チェンマイ大学の一角にある大学発のスタートアップ企業が利用できる施設を借りることができました。問題はそこで働く人です。リモートワークで日本とやりとりできる人材が必要でした。

「現在、そこに勤務しているのは、ＪＩＣＡやＵＮＤＰとの協働事業のときに現地コーディネーターとして活動していた女性です。彼女なら実績があるので、リモートワークでのやりとりもスムーズに行えています。GoGlobal の海外雇用代行というサービスを使えたおかげで、信頼できるスタッフを面倒なくすんなり雇用できて、大変助かっています」

タイから広がるビジネス

チェンマイ大学のオフィスはタイ国内のみならず、周辺の東南アジア諸国――フィリピン、ベトナム、インドネシア、マレーシア、ミャンマーなど――の市場に向けての拠点でもあります。雇用した現地スタッフは基本的に在宅勤務ですが、オフィスはスタートアップスペースとしての設備が充実しているため、打ち合わせや込み入った仕事があるときはオフィスに出向くことも多いと言います。

主な業務は、タイや周辺諸国からの問い合わせ対応、さらにＪＩＣＡの事業の他にも実証研究を行っているので、病院のアポイントを取ったり、販売代理店とともに病院にデモンストレーションに行ったり、サポート業務を行ったりしています。タイ国内を中心に、フィリピン、ミャンマー、インドネシアなど、周辺地域のマーケティング・広報・営業活動とともにバックオフィス業務を行っており、海外における事業展開の足場を着々と固めている状況です。

日本人スタッフとの共通言語は英語なので、英語でコミュニケーションを取り、タイ語を使う病院などのスタッフとの橋渡し役を担っています。海外とのやりとりでしばしば問題になる時差も、日本とタイでは約2時間なので、さほど問題ないと言います。

同社ではリモートワークの際、基幹システムとしてGoogle Workspaceを利用。カレンダー、メール、オンライン会議のGoogle Meetを使い、データはすべてGoogle Driveで共有していると言います。

二ノ宮氏はコミュニケーションについては以下のように話します。

「私も、代表の尾形も、年に3、4回はチェンマイまで足を運んでいます。普段のコミュニケーションは英語ですが、そんなに得意というわけでもないので、時にはタイのスタッフと『対面で話したい』『説明したい』と思うことはありますね。けれども『リモートでは何もできなくて困る』というわけではありませんし、私たちのようなスタートアップにとっては、とにかく進めることが大切ですから」

同社がタイの拠点にかける期待は、並々ならぬものがあります。

「タイって医療大国なんですね。ですから首都バンコクの医療施設には東南アジアどころか、中東エリアまで含めても最高のクオリティーの医療があるんです。そういったところで『Melody i』の採用実績が作れれば、他国においても信頼性・ブランド力が大きくアップします。ですから、まずはタイで広げていきたいと思っているんです」と二ノ宮氏。

ただし、やはりこの国でもバンコクなどの都市部に比べて地方の医療は脆弱だったり、公立病院になると途端にクオリティーが下がるという問題があると言います。

そうした格差を埋められる仕組みを遠隔医療で提供したい、というのが同社の考えであり、この製品の訴求点です。

出産・育児があっても仕事を継続

香川・高松に本拠を置くメロディ・インターナショナルは、国内でも東京、神奈川、京都などで社員がリモートワークで勤務しており、それぞれ国内における営業や経理をはじめとするバックオフィス業務を行っています。

神奈川からリモートワークで在宅勤務をしている経理担当の女性社員は当初、高松で勤めていましたが、出産を契機に実家の近くに戻ってそのまま仕事を続けています。会社側も新しく人を雇うよりは慣れている彼女に続けてもらいたいと希望し、コロナ禍前でしたがフルリモートワークを承認しました。

経理業務は領収証の管理など紙でのファイリングが非常に多く、資料の確認に戸惑ったり、備品がなくて困ったり、最初はいろいろ混乱もありました。そのため、彼女のワークスタイルに合わせて必要な書類などの電子化を進めたと言います。

また、彼女自身も仕事を継続でき、家族のそばで仕事ができるなど、生活全般に安心感が持てるメリットを感じていると言います。これまで出産や育児で仕事を辞めざるを得なかった女性が大勢いたことを考えると、リモートワークは一人の人間の人生をサポートするという意味でも、大きな力を発揮すると言えるのでしょう。企業としても貴重な人材を確保し、スムーズにビジネスを継続させていくためにもこうしたリモートワークの効果は考慮すべきではないでしょうか。

3　NRIアメリカ

——リモートワークでも離職率を下げない工夫

米国ニューヨークを本拠地として活動

ＮＲＩアメリカは、株式会社野村総合研究所（ＮＲＩ）の最初の海外拠点として１９６７年に設立。ＮＲＩグループのなかでも最も長い歴史を持つ海外拠点です。50年以上にわたる実績から培った高い専門性とネットワークを生かし、グローバルに事業展開する企業が抱えるさまざまな経営課題の解決に努めています。そして、アジア地域と北中南米地域をつなぐ架け橋として両大陸間のビジネス拡大に大きな役割を果たしています。

本拠地は全米随一の大都市ニューヨーク市。設立以来、米国企業のベンチマーク（金融、資産運用や株式投資における指標銘柄）の調査、および、米国の主要産業別の動向把握に関する調査を中心に、アメリカの経済と産業の最新動向を探知する仕事を行っています。

また、ご存じのようにニューヨークはウォール街を擁する世界の金融の中心地です。そこに本拠を構えるというアドバンテージを生かし、金融業界における活動も活発に行っています。

近年は、日本およびアジア企業のグローバル化の進展に伴い、北中南米全般における事業戦略、新規事業の創造、M&A支援、ITシステムを活用した業務改革支援などのサービスも多数提供しています。

さらにニューヨークはダイバーシティの最先端の街として知られています。そこにあるNRIアメリカでも多人種・多国籍の社員が勤務しています。

リモートワークの特徴と離職率を下げる工夫

現在、同社のオフィスはニューヨーク市の他にはテキサス州ダラス市にありますが、コロナ禍以降はそれ以外の地域でも人材を雇い、カリフォルニア、ミシガン、ノースキャロライナ、フロリダ各州に従業員が在籍するという、完全なリモートワークフォームになりました。

それに伴ってニューヨークやダラスのオフィスに勤めている社員も、他の地域のメンバーとは一日中ビデオ会議システムを通してのやりとりになります。そのため、オフィスワークを必須にせず、リモートワークを中心に仕事を進めることを認めました。アメリカにおけるリモートワーク事情も、コロナ禍に進んだという点では日本とあまり変わらないようです。

このＮＲＩアメリカで２０１９年から社長を務めるのが、久保田洋介氏です。久保田氏が赴任した当時はまだ、オフィスで働いているメンバーと、リモートワークを行っているメンバーとの間には、壁があるような感じがあったそうです。それが、リモートワークの進んだこの3年のあいだに、壁が完全に取り払われました。

しかし、では良かったのかと言えば、そうとも言い切れなかったようです。リモートワークが進んだことにより、人材の流動性が高まったからです。

日本と比べて、もともとアメリカは人材の流動性が大きいと言われます。そして、一気に普及したリモートワークがそれを加速させたのではないか、と久保田氏は言います。

特に若い世代に顕著で、リモート面談で採用した社員が入社間もなく、結局、久保田氏をはじめ他の社員と一度も直接顔を合わせることなく辞めていく事例が起こりました。

ＮＲＩアメリカではその対策として、地方出身の新卒者や若い就業者には、できるだけニューヨークやダラスのオフィスのある地域に引っ越すように求めているそうです。もちろん転居費用は同社が負担します。

その一方で、専門分野で特別高いスキルのある人、家族とともに過ごす時間を必要とするシニア層、それなりの実績のある人などに対しては、フルリモートワークでも構わないとしています。

「そうして差異をつけないと、若くて経験のないうちからフルリモートにしてしまうと、どうしても離職率が上がってしまうというところがありますね。こうした話はアメリカならではの特殊事情だと思いますが」と久保田氏。

さらに付け加えると、ＮＲＩアメリカでは求人票を出す際に、リロケーション（オフィス近くへの転居）を前提とする人材と、ワークフロムホーム（在宅勤務）ＯＫの人材とを、分けてオファーしています。

たしかにリモートのみの採用・勤務で、一度も上司や同僚と対面経験がないとなると、会社への帰属意識は低く、離職に対する心理的抵抗感が下がることは容易に考えられます。

久保田氏は続けて、リモートワークのデメリットについて語ります。

「仲間意識が希薄になるということもありますし、リモートワークの職種は成長機会が限られ、どうしてもルーティンで同じ仕事の繰り返しみたいなところがあるのは否めません。ですから若い人にはできるだけリロケーションしてもらい、それが叶わなければ四半期に1回でもいいからオフィスまで出張してきてもらい、コミュニケーションを取れる機会を設けています」

リモートワークを前提とした雇用の工夫

同社のリモートワークに関するルールとして、ワーケーションは許可されていませんが、本人、もしくは家族の都合で母国に帰って仕事をすることは許されています。これはやはり多国籍集団というアメリカの企業の特殊事情と言えるでしょう。もちろん、顧客に迷惑をかけないという大前提があります。

また、直接会ってコミュニケーション機会を増やすために年2回「コーポレートイベント」を開いています。

「国外も含めて全社員がニューヨークに集まります。交通費をはじめ、費用はすべて会社持ちです。けっこうコストが掛かるのですが、オフィスの維持費や出張費などがだいぶ減った分、そこで節約できた費用をこれらに振り向けています」

つまり、今までとコストを掛けるポイントが変わったということです。久保田氏はリモートワークを活用していくためには、コミュニケーションにコストをちゃんとかけないと会社を維持できないと考え、3年の時間を掛けて、会社としてのこうしたルール作り、マネジメントに注力してきたのです。これは一つの大きな経営判断でした。

時差を生かしたリモートワーク

NRIのコンサルティング事業は、同社と東京、そしてインドの3拠点で協業することが多いと言います。「ノムラ・リサーチ・インスティテュート・コンサルティング・アンド・ソリューションズ・インディア」は、北インドのビジネス都市グルガオンにあります。設立は2011年とまだ新しいのですが、NRIのコンサルティング事業の海外拠点としては最大の規模を誇っており、日本人とインド人、総計100人以上のコンサルタントを擁しています。

コミュニケーションは「Mattermost（マターモスト）」というビジネスチャットツールを用い、自動車、エネルギーなど、事業領域ごとにコミュニケーションチャンネルを設け、3社の共通言語である英語でやりとりを行っています。

この協業では各国の時差を逆手にとって有効活用しています。例えばアメリカ側で行った作業を1日の終わりにインド側に渡しておけば、翌日の朝にはその仕事が出来上がった状態でマターモストに届いています。非常に効率の良いコミュニケーションで動いており、久保田氏はこういう点にリモートワークならではのメリットを感じると言います。

「優秀な人材がどこからでも仕事に参加してくれるっていうのは大きいですね。アメリカは人材が広域に分散しており、今日入った人はワシントンDC、先週入ったメンバーもデトロイトと、本当にバラバラな州や都市から集まっていますが、仕事においてはいっさい地域差は感じません。優秀な人材をどこからでも採れるということは大変なメリットです。

そして、これの発展形が海外雇用代行の活用ですね。メキシコ、コロンビア、アルゼンチン……同等のスキルを持った人が人件費の安い中南米地域から採用できるというメリットが出てきましたね」

長時間化・管理の必要性

逆にリモートワークのデメリットとして久保田氏が挙げたのは、やはり業務時間の長時間化です。これには心理的な要因が絡んでいるのかもしれません。

「オフィスで働いているときは、夜8時からのミーティングというと、遅い時間になってちょっと申し訳ないなと思いつつ設定していました。ところが、リモートワークなら家にいるんだから夜8時ぐらいなら別に構わないでしょうという感覚になってしまう。そこが最大の問題です」

さらにリモートワークは、人々のキャリア観を大きく変えてしまったのではないかと懸念を示します。そうした意識を反映するかのように、今、アメリカでは「大退職時代（グレート・レジグネーション）」と呼ばれる社会現象が起きています。特にホワイトカラーの若い世代の間では仕事を辞めることが当たり前になり始めており、コンサルティング業界・IT業界の離職率が急速に上がっていると言います。

「コロナ禍以降、多くの人が在宅勤務を経験したことで、家族との時間の大切さに気付いたのです。ですから私たちの業界は、給料は良いけれど働き過ぎだ、これはおかしいのではないかとみんなが言い出すようになりました。そして、もっとワーク・ライフ・バランスの取れた職場を求める人が増えてきているんです」

リモートワークの管理が今後のビジネス成功の秘訣

「離職は経営に大きなインパクトを与えます。そんな時代になっているので、リモートワークのデメリットとして残業が増えることは看過できません。なんとか抑え込んでいかないと優秀な人材がどんどん出て行ってしまう。そんな問題意識を持ってやっています」

久保田氏は対策として、稼働率の管理に力を入れています。例えばある従業員は1週間でAの仕事の30％、Bの仕事の20％など、割り当てを決め、その割り当て通りに動いているか、可視化して分かる仕組みを作っているのです。

これによってそれぞれの従業員が、どういう稼働率で動いているのか、100％に近づいてくれば相当な負荷がかかっていることになるため、60～70％に下げていくよう調整しています。また、時差を意識して、いつ誰がどの仕事を担当するかを決めるのかも管理者の大事な仕事です。

「インドとの協働のように、時差を生かした効率的な仕事をしたいというのも、海外雇用代行が必要になる原因の一つですね。いろんな所で働いてもらった方がタイムマネジメントもしやすくなるので」

久保田氏が海外雇用代行のサービスのメリット・必要性を感じるきっかけになったのは、コロナ禍がニューヨークで猛威を振るうなか、従業員の一人が「母国のコロンビアに帰るので退職させてほしい」と申し出た時。事情を尋ねたところ、NRIでの仕事は続けたいが、プライベートなことでやむなく――というものでした。

非常に優秀な人材で、離脱されると大きな痛手になるため、なんとか雇用を維持したいと考えた久保田氏はGoGlobalに相談。海外雇用代行の仕組みを使い、GoGlobalの社員として、コロンビアからリモートワークでNRIアメリカの業務継続を実現することができました。

以降、久保田氏はアメリカ国内の人件費の高騰もあって、コストが抑えられる中南米のメキシコ、アルゼンチン、プエルトリコなどから良い人材を雇用したいと、GoGlobalに働きかけています。

その一方で、同社には「今、勤めている会社では在宅勤務が認められないので、こちらに転職したい」というメッセージも頻繁に届くと言います。大退職の波に揺れる中、アメリカの人材市場は大きな変動期を迎えているのかも知れません。いずれにしても今後、アメリカでは、リモートワークを許容することはもとより、いかにして上手にそれをマネジメントするかが、ビジネス成功の秘訣につながることでしょう。

4　株式会社 Paidy
——ダイバーシティ&インクルージョンの実践

世界30カ国超の人材と共に働く

多種多様なネットショップでスマートフォンだけで今すぐに買い物ができる、あと払い（ＢＮＰＬ）サービス「ペイディ」。Amazon や Apple、楽天ラクマなど加盟店は70万を超えます。アプリダウンロード数は７００万（２０２２年時点）。

２０２１年９月にはアメリカの決済大手ペイパルホールディングスが３０００億円という額で買収すると発表し、業界に衝撃が走りました。

創業者はカナダ人のラッセル・カマー氏（現・会長）。メリルリンチ証券とゴールドマン・サックス証券を経て、２００８年に東京で前身にあたる株式会社エクスチェンジコーポレーションを設立。以後、成長を続けるユニコーン企業として注目されていました。

現在、Paidy は東京・赤坂に本拠を置きます。従業員に日本人、外国人といった区切りは全くないというのが特徴です。国籍にこだわることなく、世界中から人材を集め、ダイバーシティ&インクルージョンを実践。社員の半数は外国人で、国籍は30カ国以上。いろいろな考えが集まって、いろいろな人がお互いの違いを認め合いながら高め合える環境を作っています。

こうした理念を持ったPaidyのような企業にとって、リモートワークは必要不可欠なものです。リモートワークがあるからこそ企業活動が成立する、と言ってもいいかもしれません。

同社では創業時からリモートワークを導入しており、コロナ禍以降はむしろリモートワークがスタンダードなワークスタイルになりました。もちろん職種によってはオフィスに出社する必要も生じますが、基本的にはオフィスにいるかいないかより、場所や時間帯が違っていても、成果をきちんと出しているかどうかが重視されます。国籍・年齢・性別といったバックグラウンドはあえて無視して、その人のスキルや成果を公平に評価するという方針で、きちんと結果を出してくれれば、どこでもいつでも、どのように働いても構わないという企業文化を持っています。

それを発展させて、海外雇用代行サービスを利用してリモートワーカーを雇用することで、日本にありながら実質的にグローバルビジネスができる環境を創り出しました。

同社は先に述べたように、拠点は赤坂にあり、海外には拠点がありません。こうした際に活用できるのが、海外雇用代行だったと言います。「これからもビジネスがグローバル化して世界中に広がっていくなかで、日本にありながら、海外の人材を採用して、海外の人材と働きたいというニーズはさらに増えてくるのではないでしょうか」

海外から「Paidyで働きたい」という希望を叶える

同社における海外からの従業員の多くは、システムエンジニアを職業として海外に在住し、「日本に行きたい」「日本の会社で働いてみたい」という動機から同社に応募するというケースです。そこで、同じような動機があったシンガポール在住者と雇用契約を完了させ、いざ日本で働いてもらうという際に、その人が急遽、事情により来日できなくなったといいます。原因は新型コロナ禍です。

仕方なく契約を無しにするかと聞いたところ、その人は本国のシンガポールからリモートワークでPaidyで働きたいと強く希望。同社は、それに応えられる方法はないか検討し、ウェブからGoGlobalの海外雇用代行のサービスを知ったことから、これを活用して働いてもらうことを決めます。

このように海外雇用代行の活用は、コロナ禍当初、あくまでパンデミックのなかで人材に来てもらうという理由が大きかったようですが、今はこうした条件下に限らず優秀な人材に働いてもらえる手法として同社はとらえています。

「Paidy のサービスや企業の在り方に興味があるので働きたい」。けれども「他の仕事が自国にある」「家族の事情で国を離れられない」というケースは往々にあります。ひと昔前ならそれで諦めなくてはならなかったのですが、テクノロジーが発展した現代では、可能性は大きく広がりました。そういう意味ではリモートワークは、企業と働き手がつながる可能性を最大限に拡大する、大変有益な手段とも言えそうです。

このように現在は日本を中心にサービスを展開する同社ですが、世界から人材を集めています。同社は「外国人、日本人ということでなく、私たちは世界中からベストな人に来ていただきたいのです」と言葉を強めます。日本にありながら、世界中の人と切磋琢磨し、サービスを良くしていける。これこそが同社の強み。それも、もともとは東京という土地の制約があったと言えますが、海外雇用代行を軸としたリモートワークの活用によって、その制約さえなくなりました。同社にとって「べストな人材」が、その人にとって「ベストな場所」で働けるという、双方にとってベストな勤務環境が整ったのだと考えられるでしょう。

新しい人もすぐに馴染めるような配慮

ただし、もちろんリモートワークに由来する課題はあり、その例として同社が挙げたのがオンボーディングの難しさ、つまり簡単に言えば、早い段階で企業に馴染むのが難しいということです。

オフィスに来て、他の従業員と顔を合わせれば、企業の雰囲気はつかめるものです。しかし、リモートワークでは、それが叶いません。前項までに紹介してきた事例企業もこれに悩み、そして解消させてきました。

Paidyでは、ここには2つの課題があると指摘します。

1つは働いている感覚のギャップと、もう1つは海外人材を雇う際に特有の法律上のギャップです。

後者は日本国内でのリモートワークであれば考えにくい部分ですが、国ごとに異なる制度の差にいかに寄り添うかは非常に重要なポイントです。同社はこれについても海外雇用代行サービスの活用により、課題を解消しています。日本国内でも北海道と沖縄では気候も文化も異なり、それは現地に精通した人にガイドしてもらうほうがスムーズでしょう。

同社は後者の課題をこうして解消することで、もう一方の課題である「働いている感覚のギャップ」を埋めるということに注力しています。

具体的には「リモートワークで働いていても、あなたは完全に私たちの一員です」という想いを条件としてそろえること。働く場所は違っていても、業務上は何も分け隔てがないようにするということです。例えば、人事評価一つとっても、オフィスワーカーとリモートワーカーとは全く同じものを適用しています。また、社内で使用できるツールもほとんど同じ条件だと言います。

不公平感が出てしまえば、一体感にはつながりません。国が異なれば、異なるツールがあったりするかもしれませんが、同じものを同じように使えるようにしておくことは、ギャップを感じさせない工夫となるでしょう。

ダイバーシティ、そしてリモートワークで、いろいろな国からいろいろな価値観と高度なスキルを持った人が集まるPaidyは従来の企業と違い、リモートワークに馴染んだそれぞれのメンバーが、自分が暮らす国・暮らす街や村から国境を越えて、自由に意見を交わし合い、それによって成長する新しいタイプの企業です。

コミュニケーションの難しさはもちろんあります。けれどもそれ以上に幹部も含めたメンバーらは現在の環境、ビジネスの展開を楽しんでいます。楽しむことによって、事業活動がまた一段と生き生きしたものになってきます。同社としてもそういったリモートワークをベースとした多様性のある企業の魅力を外部に伝えていきたいとしています。

5　成功企業から見える共通項

期待が高まるリモートワーク

本章ではリモートワークを使ってグローバルにビジネスを展開している企業を紹介してきました。

事業の特性上、自然とリモートワークが中心となってきたGoGlobal。先進性を追求した結果として、医療が優れた国にも拠点を置いたメロディ・インターナショナル。アメリカからリモートワーカーと仕事を進めるＮＲＩアメリカ。そして、ベストな人材を世界から集め、多様性ある組織を作り上げているPaidy。

いずれの企業にも共通するのは、リモートワークがすでにビジネスのなかで主要な位置を占めているということです。

コロナ禍の感染症対策として一時しのぎ的に取り入れた企業のなかには、驚かれた方もいるかもしれません。リモートワークはオフィスに来られないときに仕方なく行う代替行為ではないのです。

少々大げさな言い方をすれば、今後の社会を形づくる事業の取引・取り決めの大半はオンライン上で成されるようになってきています。したがってリモートワークは、経済・産業を動かす巨大な歯車として、ますます活用度が高まるでしょう。そのときにあらかじめ、リモートワークの使い勝手・秘訣のようなものを知っていると、よりスムーズな運用ができるのではないでしょうか。

もちろん企業ごと、職種ごとに使用する目的は違うので、細かいルールなどはそれぞれの企業で決めるべきですが、その基本的なガイドラインはどんな業界の企業でも共通です。

本章の最後に、「リモートワーク企業」の共通項について、マインドセットやルール作りなどのポイントを挙げていきましょう。

ジョブ型雇用へのシフト

働く人の多様性を認める

成功企業のマインドセットは、ひとえに働く人の多様性を認めるということに尽きると言ってもいいでしょう。ここで言う多様性とは、国籍・人種・年齢・性別などを問わないという、今日関心を集めるダイバーシティという狭い意味だけではなく、もっと広く捉えています。働き方そのものの多様性を認めているというのが、成功企業の共通項であるように思います。

従来、日本企業が従業員の仕事を評価する際には、どちらかと言えば、結果がどうあれ、プロセスを正しく踏んで作業を行ったかということに重きが置かれていました。つまり、決められた時間内に、決められた正しい手順・正しい方法で仕事をこなせることが、企業への貢献度が高いとみなされてきたのです。

これは、年功序列に代表されるような「メンバーシップ型雇用」の影響です。メンバーシップ型雇用とは、終身雇用を大前提として総合職を採用し、数年ごとに配置転換を行って社内における経験を積んでいく日本型雇用の典型的なパターンです。どんな職務に就くのかは限定しないで、その企業の一員（正規社員）として迎え入れ、職種も勤務地も時間外労働なども基本的に会社の意向に従うという、他国には見られない日本独特の雇用スタイルと言えるでしょう。

そして、日本の労働法制は時間管理をベースとしてきました。これは、戦後の高度経済成長期に、工場での作業員の働き方を前提に法が整備された結果です。

工場の仕事は、均質なオペレーションの仕組みの下で、同程度の訓練を受けた作業員が働きます。したがって各作業員の間で生産性に大きな差は生まれにくいため、時間による管理が有効だったのです。

しかし現在の日本の産業構造を見ると、およそ7割をサービス業が占めています。サービス業では、労働時間と仕事の成果が一致するとは限らず、長時間働いてもお客の利用がなければ売上は立ちません。

また、サービス業に限らず、労働時間とパフォーマンスが連動しない仕事は増えています。時間管理に適しているとされてきた工場労働を中心とする製造業でも、生産計画を立てたり、製造工程全体を管理する業務などは、労働時間だけで成果を測ることはできません。

ましてや、リモートワークにおいては、9時に自宅のパソコンの前に着席して始業、12時になったら昼休憩で離席を許可。13時になったら戻って午後の業務再開し、終業の17時まで継続する、といった「決められた時間に決められた順番で」という従来の働き方は馴染まないところがあります。

GoGlobalのシニアマネジャー、ウェンボー・ズー氏は自身がアメリカで勤めていた経験とも比較し「リモートワークはこのような働き方とは根本的に考え方が違うように考えています」と話します。

管理する企業としては「ちゃんと仕事に集中できているのか」と疑心暗鬼にもなる場合もあるでしょう。実際、コロナ禍により、一度でも試したのなら、同居している家族に煩わされてなかなか仕事がはかどらなかったという体験もしたかもしれません。

ただ、成功企業を見ていると、仕事のプロセスを必要以上に重視していません。それよりも、いかに成果を出してもらえるかという点を重視しているように感じられます。

そもそも、リモートワークに成功している企業は、リモートワークのデメリットを把握しています。

オフィスで働く場合に比べて、コミュニケーション不足になりがち、ちゃんと仕事をしているのか疑わしい、生活のメリハリがつけにくい、長時間労働になりがち、設備や環境が不十分、セキュリティの問題、緊張感が継続するかどうかの問題、会社やプロジェクトに対する帰属意識の問題……。

こうした課題はＩＴシステムやツールによって解決されるものもあります。「自宅でも仕事をしてくれているか？」といった思いについては、従業員のパソコンの作業履歴を確認できるログ管理システムがあり、これを採り入れる企業もあります。しかし、真に活用している企業では、これを「監視」といった意味合いで用いるというよりも、個々の作業特性をマネジメント層で把握し、適材適所での人員配置や、スキル育成に役立てています。

つまり、課題を把握したうえで、その課題を克服しようとトライ・アンド・エラーを繰り返し、「デメリットをメリットに代えていこう」というくらいの気持ちでいると言っていいでしょう。

自律的人材が働く組織へ

そもそもパソコンの前にいない時間を、「家族にちょっかいを出されて仕事が止まった時間」などとはまず考えていません。何でも管理をしたいと考える企業にとっては、オフィスでの勤務と照らし合わせて、常にデスクの前に座っている状況を〝仕事をしている〟ととらえるかもしれません。それがたとえ、オフィスワーカーに対する認識だとしてもややズレています。労働時間で仕事の成果や生産性を測る発想自体がもはや大して意味がないものになっていますし、ことリモートワーカーに対しては大きな誤りでしょう。

パソコンの前にいない時間は、従業員やその家族にとっては大事なコミュニケーションの時間かもしれません。特に子育てや高齢者の介護、病人の看護をしながら働いている人にとっては、その時間はとても大切です。これはリモートワークの何よりのメリットでしょう。

一方で仕事の上では、いわばジョブ型雇用として成果にコミットしてもらう。企業に依存しすぎない自律的な人材としての成長を促すという点がリモートワークの特徴です。

自律した人材になっていけば、当然ながら多様性は生まれるでしょう。ダイバーシティ&インクルージョンの実現です。

どこの国のどんな民族の人でも、成年であれば18歳から100歳以上まで、男性でも女性でもLGBTQでも、子育てをしている人でも介護をしている人でも、病気や障がいのある人でも、その職種に適したスキルと意欲、そして、業務遂行に支障のない健康状態がある限り、誰もが企業活動のメンバーとして参加できる組織が出来上がります。

システムの導入

業務のDXを進めていく

離れていても仕事上のやりとりができるという長所を生かすためには、できるだけDXを進めていくことが重要です。

せっかくリモートワークをしているのに、過去の資料が紙のままだったり、書類を作っても印鑑が押してもらえなかったりすると、結局、オフィスまで足を運ばないと、その業務が完了せず、効率が落ちてしまいます。

本格的にリモートワークを導入するのであれば、会社全体のDX（デジタル・トランスフォーメーション）を行い、効率的に仕事が進められる体制づくりをしていきましょう。

セキュリティのルール作り

一方でデジタル化には、データの流出・盗難・紛失の防止、コンピュータウイルス感染のリスクも伴います。これらを防ぐためのセキュリティ対策は非常に重要です。それぞれの企業でしっかりしたルールを設けて、リモートワーカー各自に徹底的に守ってもらうようにしましょう。

ごく基本的なことですが、企業から貸与するパソコンのみを使ってもらうにしても、データを外に持ち出せば、リスクとなります。あるいはデータを持ち出したことにより、他の従業員がそれを使えなかったり、コピーすれば結果的にどれが最新データか分からなくなるかもしれません。

こうしたセキュリティリスクを予防するためには、どうすればいいのでしょうか。一つは従業員への意識づけです。セキュリティに関するルールは、直接レクチャーすることが望ましいです。

ただ一方で、そもそも企業としては従業員が意識せずともセキュリティリスクを防げる仕組みづくりこそ重要です。意図的にデータの持ち出しをさせない仕組みももちろんですが、間違って情報漏えいが起こらないようにします。

そのためになるべくデータを一カ所に集めることです。クラウド技術によるSaaS（サース）はその代表的な例です。これによって、オフィスワーカーも、リモートワークも、同じ場所のデータにアクセスして作業ができます。

さらにセキュリティ対策を高めるためには、社内のパソコンを自宅や社外から遠隔操作できる、シンクライアントシステムを導入するのも手です。

より具体的な対策などは、総務省から「テレワークセキュリティガイドライン」が出ているので、こちらを参考にルール作りを行うのもいいでしょう。

顔を合わせる、時間を合わせる

コミュニケーションツールを導入する

誰もが認めるコミュニケーション不足というデメリット。コミュニケーション不足の課題解決のためには、たくさんのコミュニケーションツールが提供されています。

Zoom や Microsoft Teams のほか、Google Meet さらにメタバースなどに代表される「ウェブ会議システム」は、距離や場所といった物理的な制約を超え、インターネットを通じて従業員同士が、お互いに顔を見ながらミーティングを行えるツールです。電話と違って相手の顔の表情が見ながら話せることは重要で、互いに親近感と安心感を抱くことができます。さらに資料や画面を共有しながら効率良いコミュニケーションを実現でき、今やすっかりおなじみになっています。

「ビジネスチャット」も活用している企業は多いでしょう。ＳＮＳのような操作性や利便性を兼ね備えた、ビジネス用のコミュニケーションツールです。タイムラグが起こりがちなメールとは異なり、レスポンスの早い手軽なやりとりができます。チャットでコミュニケーションを取りながら業務を進めているため、返信や発信の有無、成果物の提出状況などによって、上司も同僚もメンバーの状態をリアルタイムに把握できるようになっています。

定期的にコミュニケーションの機会を設ける

また、コミュニケーション不足の解消のために、年に1回、もしくは複数回、定期的に直接対面できる機会や、オンラインでも仕事とは別に交流できる機会を設けるという方法があります。全員は難しいにしても、できるだけ参加を促してみてはいかがでしょうか。ＮＲＩやGoGlobalは会社が費用を出して積極的にこうした場を作っています。

また、他の企業では、夏休みなど、子供が参加できる時期に、ファミリー交流会や料理教室・工作教室などのオンラインイベントを行って好評を得ているケースもあります。あるいは、いわゆる「部活」を奨励したところ、社内にいくつものサークルができ、オフの日にそれぞれの「部員」がリアルで集まって交流したり、自主的にオフ会を開いているケースも見受けられます。

こうした場があると、普段会えないメンバー、仕事の話しかしたことのないメンバーの素顔・人柄を感じることができ、共に働く仲間意識・会社への帰属意識を高めるうえでも効果があるでしょう。これもルール化して、福利厚生制度の一つとして設けておくと良い影響が生まれると考えられます。

働く時間を意識する

また、ある程度は自由な働き方になるとは言え、プロジェクトを共に動かすメンバー同士では、時間を合わせておくことも重要です。

リモートワークと合わせてフレックスタイム制を導入する企業もあるでしょう。その場合はコアタイムを設けておくのも一つの工夫です。

また、本章で採り上げた企業のように、リモートワークで海外とやりとりする場合は、時差を頭に入れなくてはいけません。特に8時間以上の時差がある場合は、まるまる半日ずれるため、互いにリアルタイムで話せる〝常識的な時間帯〟が、1日のうち、せいぜい1、2時間だったりします。日本時間を基準にしてウェブ会議を設定する場合、出席者の国の現地時間は何時になるのかは必ず確認して了解を得ましょう。複数の国から出席者がいる場合はなおさらです。

ただし、NRIの事例のように時差をうまく生かせば、前の晩に依頼した仕事が翌朝にアップされ、時間のロスがなく継続していく、といったように効率的な仕事のサイクルを作ることも可能です。

無理のない就業時間、より生産性が高まるサイクルを作れるよう、時差をチェックしたうえで、定例会議やルーティンワークがあるなら、何曜日の何時とか、あらかじめいくつかのパターンを想定してルール化しておくといいでしょう。

そしてボーダーレスなビジネスへ

リモートワークは多様性を認める働き方です。そして多様性を認める、受け入れられる条件や環境を整えた結果、企業はどうなっていくのでしょうか。

日本という地域にこだわらなくても良いということになります。2章で述べたとおり、今後さまざまな業界の企業が、日本だけでは成長が難しくなっていく傾向にあると思います。

リモートワークにはさまざまな在り方があるため、本章で採り上げた企業が海外とのリモートワークを実現させているからと言って、必ず海外進出しなければいけないというわけではありません。しかし、選択肢を知っておくというだけでも、打ち手はかなり変わってくるはずです。

いいえ、あなたはこう考えているかもしれません。

「リモートワークができるからと言って、海外進出もできるということにはならないはず。そもそもどのように拠点を置き、どうやって人材を採用すればいいのか？うちにはそんな資金もなければノウハウだってないのに」と。

これはもっともな疑問です。そこで大きな手掛かりになると考えられるのが、海外雇用代行サービスなのです。

次章では、日本ではまだあまり認知されていない、この新しいサービスの内容・仕組みについて掘り下げていきます。

リモートワークに役立つツール

ツール	内容	例
オンライン会議システム	ちょっとした打ち合わせにも、大規模な会議にもかかせません。	・Zoom ・Google Meet ・Microsoft Teams …
ビジネスチャット	社内外のコミュニケーションが手軽にやりとりできます。	・Chatwork ・LINE WORKS ・slack …
オンラインホワイトボード	オンライン会議やセミナー、ワークショップやアイデア出しに活用できます。	・Miro ・Microsoft Whiteboard …
電子印鑑 （電子契約サービス）	契約や印紙税、契約書にかかるコストの削減にも役立ちます。	・クラウドサイン …
勤怠管理システム	出退勤入力から勤怠管理をできるツールです。	・KING OF TIME ・ジョブカン …
ログ管理システム	個別パソコンの作業記録を残したり、リアルタイム確認などができます。	・みえるクラウドログ …

第四章　海外へと事業を拡げる

1　海外に拠点をつくる

これまでの海外進出とは

リモートワークが進むと、距離の制約がどんどんなくなっていきます。「リモートワークでも問題ない」というレベルから、「リモートワークだから強みがある」という別次元のレベルへと進化していきます。3章の事例から「思っていたよりも海外拠点と仕事を進める方法があるものだ」と感じられたでしょうか。

しかし、海外進出と考えたときには、そもそも、拠点をつくったり、そこで働く人を雇ったりするという、もっと手前のステップについて課題感や懸念があることでしょう。

本章ではまず、その課題について、従来の海外進出の手法を概観していくところから話を始めたいと思います。海外に拠点を設置するには、いくつかの方法があります。

現地法人の設立

まず分かりやすいのが、現地法人の設立です。

現地法人は、あくまでも本社から独立した別の会社です。海外にオフィスを置き、売上を立て、利益を取ります。もしも負債が生じたとしても別の会社なので、それを本社が負担する必要もありません。日本へ所得税を申告する義務はなく、現地国の税制度に従います。

新しい会社を設立することになるので、現地で定款、税務、労務、登記などの準備や手続きを行わなくてはなりません。

設立方法には、日本企業の出資のみで設立する「独資」と、進出先国の現地企業や他企業との共同出資によって設立する「合弁」の2通りの方法があります。

独資は、自社（日本企業）の出資100％で設立する法人で、完全な子会社になります。日本国内で言う〈外資系企業〉のことです。ただし、進出する国の規制によって、あるいは事業内容によって、外資100％による企業設立が認められないケースもあります。

合弁は、進出先の国の現地企業や他企業との共同出資によって設立する法人です。こちらも、その国の規制や事業内容によって、外資の出資比率が制限されていることがあります。

法人登記は進出先の国や地域の制度にのっとって行います。この登記だけでも、現地の公用語を用いなくてはならないので、自社だけで行うのは困難でしょう。そのため、海外の法人登記を行うためには、司法書士や公認会計士、税理士といった専門家に依頼するのが一般的です。

支店の設置

支店は日本の本社と同一の法人です。

支店を設置する場合は、進出先の国で支店の代表者を定めて登記をする必要がありますが、本社と同一の定款や社内規定を流用できるため、それらを現地の言語に翻訳するだけで済みます。現地法人と比較して手続きが簡単で、海外拠点立ち上げの負担がかなり低減できるのはメリットと言えるでしょう。

支店の意思決定、債権債務の責任やすべての法的責任を負うのは日本の本社で、支店の売上・利益もそのまま本社の所得となります。

注意すべきは税金です。海外支店で発生した利益については現地法が適用されるため、税金の申告も現地で行わなくてはなりません。

それと同時に支店は日本国内の本社に属するため、日本国内でも申告する義務がありま す。すなわち、二重課税となるのです。救済処置として日本では外国税額控除制度（外国で課税された分の所得については日本国内では控除対象とする制度）が設けられていますが、すべての所得が控除対象となるわけではないので、結局は日本の税率が適用されることになります。一般的に他国と比べて法人税率は日本のほうが高額ということもあり、大きな負担になります。支店として海外拠点を開く場合は、このことをよく頭に入れておいた方がいいでしょう。

駐在員事務所の設置

駐在員事務所は、日本の企業の社員を進出先の国へ派遣し、実際に営業を行う際の下準備として、市場調査・情報収集・宣伝活動などの拠点として設置するものです。

この事務所を置くことによって、言語はもとより、生活環境や商習慣が異なる海外で事業を行うためのパートナーとなる、会計事務所や法律事務所などともコンタクトを取り、関係を作ることができます。

駐在員事務所の場合は、登記などの法的な手続きは必要ありません。企業としての経済的な利益はまったく発生しないので、現地における納税義務などもありません。海外進出の足掛かりを作るには、リスクが最小限に抑えられます。

しかし誤解してはいけないのは、駐在員事務所はあくまでも現地でも情報収集や関係づくりが目的の拠点であることです。要するに営業拠点ではないので、商品やサービスの販売はできません。実質的なビジネスは行えず、すれば違法行為と見なされます。

このように駐在員事務所は、海外進出の準備を進めるためだけならベストな選択と言えるかもしれません。また、調査の結果、やはり進出は無理だと判断すれば撤退もスムーズです。しかし、次のフェーズに移行し、営業利益を生み出そうとすれば、結局、現地法人か支店か、どちらかを選択することになります。

販売代理店への販売

拠点を設置しない営業方法として、現地の企業と販売店契約や代理店契約を結んで、自社の製品を委託販売するやり方があります。海外市場で、独自で自社製品の販売することは、想像するよりも難しいものがあります。そのため、できるだけ短期間で売上を出すために、現地で販売ネットワークを持っている企業と契約し、リスクを抑えながら販売活動を行います。

なお、日本では販売店と代理店との違いは曖昧で、ほぼ同義に扱われており、特に問題にはなりませんが、海外でこの2つを混同すると大きなトラブルに発展する可能性があります。

簡単に言うと、「販売店」はメーカーから商品を購入して顧客に販売するビジネスで、「代理店」は顧客をメーカーに紹介して販売を代行することで報酬を得るビジネスです。

販売を仲介する点では役割は同じです。しかし「顧客に対する責任」と「製品の所有権」の点でそれぞれ違いがあります。

販売店は商品をメーカーから購入して販売します。価格も自ら設定し、クレーム対応など、顧客に対する責任は販売店が負います。

これに対して代理店は顧客に対して販売を代行するだけなので所有権はなく、顧客に対する責任、および、代金回収リスク、在庫リスクなどはすべてメーカーが負います。

契約上もこれらの点に注意して、販売店契約なのか、代理店契約なのかを明確にすることが大切です。

その他の方法

小売業であれば、その他には国内の商社や輸出業者などを通して海外事業者と取引して海外進出する方法や、「越境ＥＣビジネス」、いわゆるオンラインショップで直接販売する方法があります。前者は中間マージンが発生し、輸送代金もかさんで店頭価格が高くなるというデメリットがあります。そもそも自社に適した良い業者を見つけられるかどうか、選択が難しいところです。

後者は新型コロナ感染拡大以降、〝巣ごもり消費〟の拡大によって世界中に定着した感があります。優秀なサイト管理者やシステムエンジニアを確保できれば、現地の拠点（店舗）も在庫も設けず、低リスクのビジネス展開も可能です。

海外進出のハードルを下げる海外雇用代行

現地法人の開設、支店の開設、駐在事務所の開設、販売代理店の活用、商社やＥＣショップの活用……。こうした従来の方法はいずれも相応のコストを要します。

そこで、海外進出のハードルを下げるサービスが、海外雇用代行なのです。

海外雇用代行とは海外人材の採用、そして海外進出の労力とコストを大幅に抑えた画期的なアプローチだと言えるでしょう。いわば「トライアル」「スモールスタート」で海外進出を実現できるサービスです。

海外へ進出するとなると、まず準備の段階で「法人設立に多大な労力が掛かる」「莫大な初期投資が必要」「海外の法規制の調査を綿密にやらなくてはいけない」など、さまざまな課題をクリアしていかなくてはなりません。

設立できる法人の形態や、設立に必要な手続き、さらに設立後の税務や労務の内容は国によって異なっており、とても複雑です。例えばタイでは「現地資本が過半数の株式を所有することが必要」、インドネシアでは「最低投資額が100億ルピア以上（日本円で約8000万円以上）」など、さまざまな規制があります。設立準備から銀行口座の開設までを含めると1年でスタートできればいい方で、2年近くかかることすらあります。

さらに設立後には、管理業務負担や、現地人材の採用への心配があります。法人設立後には、決算や税務申告などのバックオフィス機能が必要とされ、これを外注するとなると、管理マネジャーの人件費も含めて安くて500万、場合によっては1000万円におよぶ法人維持費を固定費として負担しなくてはなりません。

さらに事業が軌道に乗らず、撤退しなくてはならなくなった場合には、法人の清算に多大な労力と多額の費用を要する上に、現地スタッフとのトラブルが起こりがちです。

そんなリスクを考えると、いくら商品やサービスに自信があっても、明瞭な意思や具体的なマーケティングプランがあっても、事業の成功に確信を持つのは難しいもの。調査や様子見ばかりを繰り返して、いつまでたっても開設に踏み切れず、結局、時機を逸することになってしまいます。

体力がない大多数の中小企業、あるいは、スタートアップしたばかりの企業であれば、なおさらのこと。「そんなリスクを冒すのはとても無理だ」と考え、実際にはトライできないまま諦めてしまうのが、これまでの通例でした。

しかし、煩雑な手続きなど、企業のグローバリゼーションに要する手間の多くを肩代わりする海外雇用代行というサービスを利用すれば、低コスト・低リスクの海外進出がスピーディーに実現できます。

アメリカ発祥の海外雇用代行

このように述べても、おそらくこの海外雇用代行というサービスをイメージできる方は少ないでしょう。

　それもそのはずで日本ではまだ一般的ではありません。もともと、このサービスはアメリカ発祥のものだとも言われます。アメリカではＥＯＲ（Employer of Record）と呼ばれ、海外にいる人を雇う際の選択肢として比較的、知られたサービスです。Employer of Recordとは「登記上の雇用主」と訳されます。ＥＯＲを提供する企業が、クライアント企業に代わって人材を雇用し、クライアントの企業に派遣するというビジネスモデルです。採用から入社、賃金支払い、福利厚生、現地法遵守まで、従業員管理に関しては、すべてＥＯＲの提供企業が行います。一方で、業務のすべてはクライアント企業が指示を行います。


　例えば、海外在住の人材を雇い入れたいと考える日本のＩＴ企業がいたとしましょう。同社は日本にだけ拠点を持つ企業で、海外の拠点はありません。そこで最初は個人事業主・フリーランサーへの業務委託という形で採用を始めました。しかし、業務委託の場合は、「偽装請負」というリスクがつきまといます。

　通常、業務委託でビジネスを行う場合、「社外のプロフェッショナルが、クライアントの業務を援助するサービスを提供する」という形を取らなくてはなりません。

したがってそのままチームの一員として、社員と同様に命令を受け、同様の行動をとって働き続けると、現地での業務委託ではなく社員とみなされる可能性があります。すると税務や法務、コンプライアンス上で問題になるのです。

そこでＥＯＲ、つまり海外雇用代行サービスを提供する企業が間に入るような形で、その現地国の税務や法務などにのっとって雇用契約を結ぶことで、問題を解消し、働く人にとっても雇う企業にとっても安心して業務を進められる仕組みとなります。

海外雇用代行のメリット

では、本項の最後に海外雇用代行サービスのメリットをいくつかまとめて挙げてみましょう。

①低コスト・低リスク

現地法人を設立する際の費用は、資本金の払い込み等も含め、概算で５００～１０００万円くらいの資金が必要になります。さらに毎年の運営費用は５００万円ほど見込んでおいた方がいいでしょう。

また撤退をする場合には、法人の清算手続きが必要になってきます。これは非常に面倒で時間もコストもかかります。

一例として、海外雇用代行サービスでの手数料は1人あたり月8万円程度。撤退時も法人清算が不要です。

そのため、リモートワークの長所をフル活用した海外雇用代行サービスは、いまや海外への進出、海外人材の活用に欠かせないスキームになりつつあります。海外市場に目を向ける中小企業やスタートアップ企業に最適なサービスであり、そこで実践できるトライアルやスモールスタートという手法を活用した海外進出は上場企業にとっても魅力的なのではないでしょうか。

②スピーディー：最短1週間で海外進出

海外で法人の設立登記をし、銀行口座を開設して、資本金を払い込んだ後、管理体制を構築するには通常、最低でも1年以上の時間を要すると言われています。

市場シェアを獲得するためには、一にも二にもスピードが大事。

そこで海外雇用代行サービスの場合は、法人設立が不要なので、登記などの業務はしなくて済み、最短なら1週間程度で海外での事業展開を始めることが可能です。

③管理業務を省力化

現地法人がないので、決算・税務申告・給与計算・社会保障手続きもする必要がありません。現地での雇用契約の作成・締結、給与支払い、経費精算、社会保障費の支払い、源泉徴収はすべて海外雇用代行サービスの提供企業に任せることができます。クライアント企業はその提供企業に対する月々の支払いのみですべての支払いが完了します。管理業務から解放され、本業に100％集中できます。

また、そもそも海外ビジネスを現地の販売店、あるいは代理店と契約を結んで進めているという場合には、海外雇用代行サービスに切り替えるというのも管理コストの省力化につながるでしょう。代理店と契約を結んでも「自社製品にさっぱり注力してくれない」または「説明したとおりの販促をしてくれない」などの例はあります。それよりは直接的に業務指示を出せる体制に変えることで、管理の手間を減らすことも可能でしょう。

2　海外人材を採用する

海外における人材の採用

海外雇用代行サービスのメリットを知っていくと、おそらく次は「では、実際にどのように採用していけばいいのだろうか?」という思いが浮かぶことでしょう。

ここでは、海外人材を採用する一般的な手法から、海外雇用代行サービスを活用する上での採用の仕組み。また、雇用関係を解消する上でのポイントについても触れていきたいと思います。

①広告・SNSからの求人

最も一般的なのは求人広告を出して希望者を募るケースです。進出先の国の求人メディアへの掲載はもちろん、ウェブ広告やSNS広告などもあり得ます。特にSNSは近年、求人においても有用であることはご存じのとおりです。2022年現在、約30億弱のユーザー数を誇るFacebookなど、その影響力は非常に大きいものがあります。

ただ、対象とする国と日本とでは使用傾向が異なる場合もあります。Twitterは日本のユーザー数が高いことでも知られますが（日本経済新聞、2022年11月23日）、他の国ではそこまで使われていないという例もあります。

逆の例では、ビジネスに特化したSNSのLinkedInは、世界で8億5000万を超えるユーザーがいると言われていますが、日本ではわずか300万に過ぎません。

LinkedInには人とつながる、投稿する、メッセージのやりとりができるなど、他のSNSと同様の機能の他に「採用の機能」があります。企業向けとして、ユーザーを条件で検索し、スカウトメッセージを送ることができる機能、転職したいユーザー向けには求人情報を検索して応募できる機能があります。

実際に活用するためには、人材を探し出す力やスカウトメッセージで相手を口説く能力が必要ですが、エージェントなどを利用するよりもコストが低く、いろいろな人材に接触できる確率は紹介よりも高いのは確実です。

国によって普及度は違いますが、これからさらに広がる可能性もあり、求人とい

Twitterの国別ユーザー数

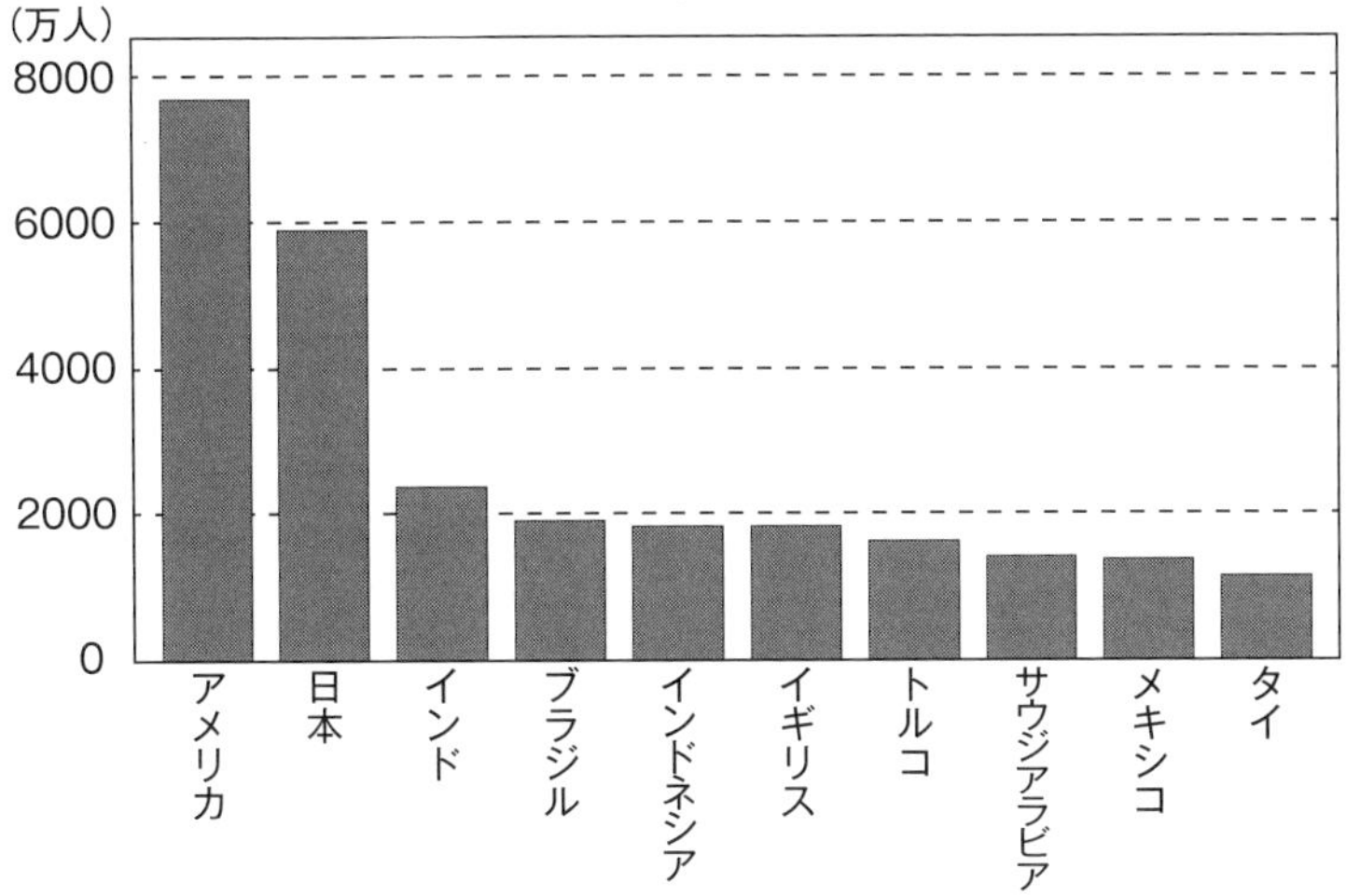

（2022年1月、ドイツ・スタディスタ）

う目的においては他のSNSより圧倒的に有効なので、注目しておくといいでしょう。

②人材紹介会社による採用

日本での採用と同様、日本国内、あるいは現地の人材紹介サービスを利用するのも一つの手段です。日本国内の人材紹介会社なら、ある程度現地語が話せる日本人や、現地での勤務が可能な日本人が見つかる可能性もあります。

現地で人材をたどれるツテが乏しい場合は、現地の派遣会社を使えば頼りになるでしょう。多少なりとも日本語を話せる現地人や、特別なスキルを持った人材を見つけられる可能性は高く、マナーや勤務態度についても、ある程度は日本人の価値観に沿った人を探してもらえると思います。また、通訳など、一定の期間だけ人を雇いたい場合にも相談できるところがあります。

現地で人材紹介を行っている企業は、日本からの進出企業のみならず現地の大企業などにも紹介しているところが多く、一般的に競争率は高くなっています。そして当然ながら、相応のコスト（紹介料）がかかるので、事前にその交渉はしっかりやっておいたほうがいいでしょう。

その人材紹介企業の担当者の熱意やレベル、日本の文化・ビジネスに対する理解度や親近感なども採用の成否にかかわる大きなポイントになります。自社の要望をよく聞いてくれる、信頼性の高い担当者に出会えるまで、複数の企業に登録して粘り強く対処することが必要になってくるでしょう。

③ヘッドハンティングによる採用

日本国内でもそうですが、求める人材の特性がはっきりしている場合は、いわゆるヘッドハンティングが効率的と思われます。その国によりますが、人材紹介会社で登録制以外にヘッドハンティング型の紹介も行っている企業もあります。

例えばマネジャークラスの人材を探すなら、ヘッドハンティングが最も効率が良いでしょう。また、自社の企業風土への順応を重要視する場合なども、個人の特性をよく見た上で適切な人材を探せるヘッドハンティングが、成功率を上げられます。

ただし、ヘッドハンティングはその他の人材紹介よりもかなり高額なコストが必要とされます。そして、失敗するリスクも低くはありません。その代わり、もしも能力と人柄の両面で自社にマッチする人材を見つけて採用できれば、その後の教育や、さらにミスマッチから生じる再雇用の手間やコストを大幅に省くことができます。

そういう意味では、ヘッドハンティングはいわば一種の先行投資とも言えるでしょう。人材は企業にとって最も重要な投資なのです。したがって長期的なビジョンに基づいて考えれば非常に有効な手段になるのではないでしょうか。

④現地での新卒採用

かなり手間はかかると思いますが、現地で新卒者を採用することも考えてみる価値はあります。外務省の「海外在留邦人数調査統計」によれば、海外に住む日本人は１４０万人近くに上り、過去最多となっています。そのため、現地の人だけでなく新卒で海外就職を目指す日本人も増えており、数多くの新卒者が営業や通訳、総合職などで活躍していると言われています。同じ日本人でも、文化や環境の違いに柔軟に対応できる若者なら、将来性も考え合わせ、海外ビジネスの人材として対象に加えていいかも知れません。

いずれの場合も面接時には将来の展望やキャリアプランをよく聞き、自社とマッチングするかどうかをよく検討しましょう。会社説明会などで直接、自社の紹介や「こんな人を求めています」といった話をして、適切な人材に応募してもらうことが大切です。ただし即戦力としてはあまり期待できないので、企業側で時間を掛けて育てる気があるかどうか、どのような使い方をするのかが問われます。

⑤リファーラル採用

最後に、近年多いのが、リファーラル採用です。社内の従業員からの紹介・推薦による採用です。

リファーラルプログラムでは、どんな人を紹介・推薦するかは、連れて来たその従業員の信用に関わるので、技術的にも人柄的にも一定の水準以上が期待できます。また、知り合い同士が、同じ会社で働くということで心理的に離職を防いだり、会社への帰属意識を高めることも可能でしょう。

GoGlobalでもこれを行っており、社内でもインセンティブをつけることで積極的に進めています。働く人にとっては、入社前に紹介者から、働き方や会社の文化を聞くことができるため、企業文化にも早くなじめて、強い組織を作ることができます。

選考プロセスの数々

では、実際に応募があると、どのように選考は進んでいくのでしょう。経歴書による書類選考や、面接が基本にはなりますが、やはり異なるポイントはあります。

①リモート面接

現地で求める人材と直接その場で面談・面接できればいいですが、そうでない場合は時間やコストを削減するためにリモートを積極的に活用するべきでしょう。例えばアメリカなどではリモート面接は一般的です。東海岸と西海岸で時差があるほどの広い国なので、採用・入社するかもわからない面接のために時間と費用をかけるのは効率的ではないからです。

相手が優秀な人材であるほど「効率性」「先進性」で判断する傾向もあるでしょう。「大事な面接なんだから、実際に顔を合わせて話すべき」という考え方ばかりでは足元を見られて、貴重な人材が去っていきかねません。

軽い面談でも、重要な面接でも、リモート会議ツールを使って進めていきましょう。

②バックグランドチェック

選考の際には、バックグランドチェック（背景調査）を行うのも、海外人材の選考では、ある話です。

プライバシーの問題があって、バックグランドチェックができる国とできない国がありますが、できる場合はＩＤチェック、ドラッグチェック、クリミナルチェック（犯罪歴）などを調べます。日本の企業は概して犯罪歴に対しては非常に厳しく、ほとんどの企業が有無の確認を希望すると言います。雇用したときに最もトラブルが発生する可能性が高いからでしょう。

③ジョブディスクリプション（職務記述書）

実際に採用が決まれば、企業からジョブディスクリプション（職務記述書）を渡します。これも日本ではあまり一般的ではありませんが、担当する業務内容や範囲、難易度、必要なスキルなどをまとめた書類です。

仕事の内容について、しっかりと双方で合意をとり、書面に残すからこそ、ジョブ型採用が成り立つとも言えます。

国際人事のプロフェッショナルに頼むメリット

雇用（人事）の問題は労務法とも絡んで、かなり難しい問題です。一度雇い入れると、そう簡単に解雇できない国も多く、安易な雇用はトラブルのもとになると言われています。進出する国の文化・習慣、法律、宗教、政治事情、それらに基づく生活環境、そして最も大事な一般的国民性など、市場調査以上に、その国の「人間」をしっかり調べておくことが、海外進出においては重要です。

東南アジアや中南米、アフリカなどの新興国は労働力が安く、日本の企業はつい「上から目線」になってしまいがちですが、けっして傲慢な意識を持ってはいけません。そうした国に進出する場合は、その国・地域の発展に貢献するという謙虚な意識を持つことが大切です。

また、ヨーロッパ諸国などの先進国は、日本に比べて人権に対する意識が非常に高くなっています。人種やLGBTQなど性的マイノリティに対する差別問題はもとより、労働者の権利保護が非常に重要視されています。そのため、労働者を搾取する、あるいは、そう見なされるといった行為は許されません。英国やオーストラリアでは近年、奴隷的労働を厳しく禁じる「奴隷法」という法律が成立し、施行されています。

人間と労働を取り巻く問題は、今世紀以降、グローバルレベルで大きな変遷を見せており、数年前の常識はどんどん陳腐化しています。こうした面からもGoGlobalのような海外雇用代行サービスの提供企業は、海外進出における現地事情を知るうえで、そして人材雇用に関するトラブル予防の意味でも、良きアドバイザーになり得るのではないでしょうか。彼らはいわば、国際人事のプロフェッショナル。海外進出にチャレンジする企業の頼れる味方です。

第五章　リモートワークの最前線

1　多様な働き方とダイバーシティ

世界的な視野で物事を考える

２０２２年秋現在、各国で人件費は高騰し続けています。概して日本の人件費は先進国のなかでもかなり低いレベルにあると評されており、優秀な人材はアメリカや中国、韓国、シンガポールなど、より給与の高い海外（あるいは外資系企業）へ流出する傾向が強まっています。

長年、日本企業は終身雇用・安定性を約束する代わりに当初は給与を低く抑え、年齢・キャリアとともに上げていくという雇用スタイルを基本にしてきましたが、そうした〝ガラパゴス的雇用〟に魅力を感じない、若い優秀な人材は、ある程度の解雇のリスクがあったとしても、より待遇が良く、より活躍の場が多い環境を選択することになります。

そんな環境のなかで企業活動を行い、海外に拠点を置いて、生産性の高い人材を雇い、バックオフィス・生産工場になってもらう。あるいは、その国でものやサービスや情報を提供していくためには、これまで以上にしっかりと世界の状況に目を向ける必要があります。

「大退職時代（グレート・レジグネーション）」の到来

アメリカでは２０２１年後半から「大退職時代（グレート・レジグネーション）」の波が起こっています。特に待遇が良いはずのコンサルティング業界・ＩＴ業界は今、離職率が非常に上がっており、経営層は対応に悩まされています。どうしてそんな現象が起こったのでしょうか？　その要因を探ってみると、コロナ禍になって多くの人がワークフロムホーム（在宅勤務）を経験し、家族との時間、あるいは一人の時間が大切だということを再確認したからだと言われています。自分の働き方はおかしい。もっとバランスの取れた働き方をしたい。そう考え、それが可能な職場を求める人が激増したのです。

この大退職時代は、解雇などの会社都合ではなく、労働者が自ら辞めていくパターンがほとんどです。社会全体の動向ではあるものの、そのなかでも動きが顕著なのは、業界としてはＩＴ業界・コンサルタント業界、ヘルスケア（健康管理・自己治療）、ホスピタリティ（小売・飲食・宿泊などの接客業）、製造業など。また、年齢層としては若い世代、１９８０〜90年代生まれのミレニアル世代（現在25〜40歳）、１９９０年代〜２０００年代生まれのZ世代（現在19〜25歳）に多いと言われています。

米国労働局発表の求人労働異動調査（JOLTS｜The Job Openings and Labor Turnover Survey）によると、自発的に会社を退職した労働者の数は、２０２１年８月に月間４００万人を超え、２０００年の調査開始以来、最高の離職率となり、その後も高い水準で推移しています。

背景にはいろいろな理由がありますが、そこに簡単な打ち合わせなども含むリモートワークやオンラインビジネスの活用領域の拡大があることは言うまでもありません。

多くの仕事がリモートでも可能だと証明された今、出社を求められないフレキシブルな勤務形態を求めて転職をするのは当然という認識が人々の間で広がっているのです。

世界最大級のクラウドソーシングサービスUpwork社が２０２１年6月から7月にかけて、一般の労働者４０００人を対象に意識調査を行い、こんな結果を発表しています。

・減給されてもリモートワークを希望するか？
　はい 24％／できれば希望したい 35％
・出社を強要されたら転職を希望するか？
　はい 15％／できれば希望したい 20％
・出社を強要されたら、フリーランスや自営業を希望するか？
　はい 20％／できれば希望したい 30％

あなたならこの数字をどのように受け取りますか？

生き方を見直したいという人の増加

制限が緩和され、経済活動が復活したことで多くの企業が一斉に採用活動を再開し、圧倒的な売り手市場になったことも2021年後半から2022年前半の「大退職時代」を招いたとも言えるでしょう。

ただ、その後、カウンターアタックのように大手ＩＴ企業が足並みをそろえるように大量解雇を発表。Facebookなどを運営するMeta社で約1万1０００人、ネット通販最大手のAmazon社で1万人が解雇されるなど、今度は「大解雇時代」という言葉が流布しました。

しかし、その原因としてはこれらの企業の「雇い過ぎ」も指摘されており、基本的には売り手市場という状況は当分の間続くと思われます。そして２０２３年には労働者の3分の1以上が離職するのではないかというショッキングなデータも発表されています。（workhuman による Human Workplace Index Survey ２０２２年11月3日）

アメリカで起こるこうした社会的潮流はタイムラグを経て日本に波及することが多いのですが、この場合はどうでしょうか？　同様の現象が日本で起こることは考えにくいですが、一部ではそうした傾向も見えてきています。

業種で言えばＩＴ系のシステムエンジニアはすでにそういう人が多いと言われており、ある程度、腕に覚えのあるエンジニアは企業に勤めるメリットはほとんどないと考えています。企業側もそれを見越して正規社員としては雇用せず、フリーランス・自営業者として契約を交わして業務を任せています。

一時期、ＳＯＨＯ（Small Office／Home Office）という言葉も流行りましたが、同様にデザイナー、ライターといった業種の人も企業に所属しない形で働くパターンが増えました。リモートワークで十分に成果を上げられ、自分の生業として継続できるこれらの業種は今後ますます企業離れ・職場離れが進んでいくでしょう。

さらにこれに続く形でバックオフィス系の作業を行う事務職も在宅勤務などのパターンが増えていくと予測できます。わざわざ職場に通わなくても、家でもできる。好きな時間に自分のペースでできて、能率も上がる――人々の仕事・労働に対する考え方はコロナ禍の間に著しく変化したのです。

労働観の変化はさらに掘り下げると、価値観の変化・人生観の変化であることがわかります。パンデミックを経験したことによって、多かれ少なかれ、人生や死と向き合い、自分の生活、家族や仕事について考え、これまでの生産力や経済力に偏った生き方を見直すようになった人が増えたのではないでしょうか。

家族スタイル、個々のライフスタイルの変化

共働きカップル、シングルマザー、シングルファーザー、同性婚カップルの増加

など、家族スタイル、とりわけ子供を養う親たちのライフスタイルが多様化するなかで〝働くことで生活のための報酬を得る行為〟を、人生のなかでどのように位置づけるのか。それは単に一人ひとりの労働者、一つひとつの企業の問題だけではなく、国家全体、世界全体の課題に発展しています。これは特に少子化・人口減少を意識せざるを得ない国や地域にとって非常に重要な課題です。

一般的な傾向としては、多くの国では育児休暇の取得を推進する動きが活発化しており、援助する体制も整備しています。これはまた男女格差を軽減する対策にもなっています。各国の例を見てみましょう。

イタリアでは、子どもが生まれてから12年間、親は休職する権利があります。この任意の育児休暇は、母親と父親が最長6カ月、シングルの場合は最長10カ月取得することができます。また、これとは別に子どもが病気のときに仕事を休む権利も認められています。

英国では、女性の従業員は、妊娠中・出産後に最長52週間（約1年間）の産休を取得する権利があります。休暇中も通常の雇用条件は継続され、給与は法定出産給与に置き換わります。

また、男性（26週間の継続勤務の社員）も配偶者の出産に応じて、1週間または

2週間の休暇を取得することができ、週当たり151・20ポンド（約2万5千円）、または平均週給の90％という割合で支払われます。

オーストラリアでは、従業員やその配偶者、あるいは事実上のパートナーが出産したときは最大12カ月の無給育児休暇を取得できる他、同性パートナーも含めた「パパ・パートナー給」があります。さらに政府のParental Leave Payの対象となる従業員――生まれたばかりの子供や養子の主な保護者としての役割を担う人は、国の最低賃金で支払われる最長18週間の休暇も得ることができます。

ブラジルでは、すべての女性従業員が出産手当金を受給することができます。また男性社員は5日間の出産有給休暇を取得することができます

カナダでは妊娠中の社員は、妊娠休暇を含んで最長19カ月までの産休（州によって異なる）を取得可能で、ケベック州では最長5週間の父親休暇を取得することができます。

雇用主は、育児休暇を取得する従業員に対して福利厚生を維持することを義務づけられており、従業員は休暇後に年功序列と勤続年数を維持したまま職場に復帰する権利を持っています。

人権デュー・ディリジェンスという課題

こうした育児休暇の充実化の例が示すように、労働者が健全な生活を続けていくためのさまざまな権利を主張する声は以前よりも大きく響くようになっています。企業も国もそれを受け入れ、彼らの生活を守れる法律を新たに作成したり、従来の慣習を変更するよう指導したりしています。

従業員を、単なる労働力、生産性の一部分とみなすことを戒め、社会に貢献するとともに、自分の人生を楽しむ権利を持つ「ひとりの人間」として認めていく姿勢が、世界の趨勢となっているのです。

こうした世界の企業の動きは、国連のＳＤＧｓ（持続可能な開発目標）と深くリンクしていると思われます。ＳＤＧｓの達成に当たっては、人権の保護・促進が重要な要素と位置付けられていますが、国連はそれに先駆け、すでに２０１１年に「ビジネスと人権に関する指導原則：国際連合『保護、尊重及び救済』枠組実施のために」という報告書を発表。以後、欧州では人権デュー・ディリジェンス（自社のビジネスにおいて人権に関するリスクがあるかどうかを調べ、リスクを抑えること）の法制化を進めてきました。世界各国でパワーハラスメントやセクシャルハラスメントが社会問題として大きく取り上げられ、話題を集めるようになったのもこのころからです。

日本でも法務省が２０２０年10月に、「『ビジネスと人権』に関する行動計画（２０２０―２０２５）」を策定し、今後、政府が取り組む各種施策や企業活動における人権デュー・ディリジェンスの導入・促進への期待が表明されています。

この行動計画の実施や周知を通じて、責任ある企業行動の促進を図ることで、日本企業の企業価値と国際競争力が向上するとともに、持続可能な開発目標（ＳＤＧｓ）で掲げられた「誰一人取り残さない」社会の実現へとつながることが期待されているのです。

自社のみならずサプライチェーンへの責任も

日本貿易振興機構の海外調査部が２０２２年11月に発表した「２０２２年度海外進出日系企業実態調査　全世界編　進出日系企業７１７３社の動向調査」では、こうした最近の動向を重視し、人権への取り組みに関する章を設け、５ページにわたってデータと分析コメントを提供しています。

欧州で強まっている人権デュー・ディリジェンスは、自社内だけのことでは止まりません。子会社や委託先、サプライヤーの労働者が差別を受けていたり、長時間労働や児童労働、強制労働、不当な労働条件を強いられていることなどもリスクに該当しており、統括する会社はこれをきちんと管理する責任を負わなくてはなりません。

具体的に各国の法規制を挙げると、英国で2015年、オーストラリアで2018年に施行された「現代奴隷法」、フランスの「親会社および発注企業の注意義務に関する法律」、ドイツの「サプライチェーン・デュー・ディリジェンス法」、EUの「紛争鉱物資源の輸入業者に対するサプライチェーン・デュー・ディリジェンス義務規則」、ノルウェーの「企業の透明性および基本的人権とディーセント・ワーク条件への取り組みに関する法律」などです。

こうした状況のなかで海外進出日系企業のうち、約6割の企業がサプライチェーンにおける人権問題を経営課題として認識。理由として、各国の法制度整備による影響、顧客からの要求、そして「レピュテーションリスク（対応しない・できない場合は、企業の評判を損ない、売上減に直結する）」「SDGs」「世論や消費者意識の変化」への言及が多くみられました。

具体的な声（アンケート調査の自由記述）としては、
・人権に配慮しない経営を行うと輸出国規制で販売できなくなる（マレーシア／電気・電子機器部品）
・地場工場で児童労働や家族労働が散見される（インド／窯業・土石）
・児童労働の問題などが発生しやすい（ガーナ／商社）」
・訴訟リスクは大きな経営リスク（オランダ／窯業・土石）
・顧客が児童労働・環境破壊について注視（ブラジル／商社）
・経済産業省が検討会を開始する等、すべての企業に取り組みが求められている
（モロッコ／輸送用機器部品）
・労働環境改善が新規従業員雇用の大きな要因（チェコ／建設）
など、世界各地で切実な声が上がっており、理想と現実のギャップを埋める対策にかなり苦心しているようです。

人権への対策にも海外雇用代行を有効活用

人権デュー・ディリジェンスを実施している企業は全体の28・7％。現在は〝実

施していない〟企業のなかでも「今後、実施する予定がある」と答えた12・4％の企業を合わせると、日系企業全体の約4割が取り組みをスタート、または準備しています。

リスクの特定・評価の取り組みとして「情報収集」「サプライチェーンの可視化」のほか、専門家や監査、相談窓口を活用する動きもみられます。これについても複数の具体例が挙げられており、

・調達先選定の際の情報収集（インドネシア／繊維）
・取引先へのレター確認（ベトナム／電気・電子機器）
・新規取引先からの自己申告書の取得（ドイツ／運輸・倉庫）
・弁護士事務所と連携して、自主的な内部監査を実施（マレーシア／電気・電子機器部品）
・直接監査の実施・評価に基づく、契約継続可否判断（インド／ゴム製品）
・社内・取引先からのホットラインを設置（ブラジル／化学・石油製品）

このようにさまざまな取り組みが行われています。

この傾向が今後もどんどん加速していくことは間違いありません。以前は利益優先のため、当たり前と思っていたこと、しかたがないと見過ごしていたことにも厳

しい監視の目、規制の手が及び、どこの国でも法令順守が厳しく求められるようになります。

人権を重視する、環境に配慮するという姿勢は、２０１０年代までならその企業の「付加価値」と見なされましたが、２０２０年代においてはなくてはならないものとなっています。

これから海外進出を考えている企業は市場調査だけでなく、準備段階でこうしたことも十分に調査し、事前に対策を立てておくべきでしょう。それについても、海外雇用代行サービスを使った現地リモートワーカーの活用は、コストを抑えつつ、現地のリアルな情報の入手、さらに交渉作業をしっかりサポートするという点で、大きなメリットが見込めます。ぜひ、有効に活用するといいでしょう。

2　リモートワーク最前線の企業が考える未来

いま一度、海外進出の必要性・メリットを考える

繰り返しになりますが、今後、日本企業は市場拡大を図るなら、海外に出るという選択肢を重要視すべきではないかと思います。

２０１９年６月に国連が公表した「世界人口予測」によると、世界の人口は２０１９年の77億人から、２０３０年に85億人（10％増）、２０５０年には97億人（26％増）に推移すると予測されています。

拡大していく世界市場。それに対して日本国内の市場は少子高齢化による生産年齢人口の低下、消費購買力の低下などが要因となって年々縮小していくことは必至と言っていいでしょう。

メリットはいくつもあります。日本と比較した際の海外の人件費および原材料費などの生産コストの安さはその一つです。タイ、ベトナム、カンボジア、インドネシアなど、人件費が安いというイメージが強いアジア各国の最低賃金は年々上昇を

続けていますが、依然としてアジア圏における日本の最低賃金はトップです。つまり、これらの新興国に進出した場合、日本国内より人件費を低く抑えられるうえに、原材料となる一時産品（鉱物資源・農産物など）も、日本国内よりも海外現地のほうが安く調達できるので、単純により高い利益が得られます。

それに加えて税率の低さによるコストの削減もあります。アジア諸国には「外資優遇制度」という、外国企業の投資促進を目的とした各種の優遇政策があります。例えば経済特区（外国資本や技術の導入を目的に設けられた地域。経済発展のために法的・行政的に特別な地位が与えられている）に進出する外資系企業には、法人税減税などの優遇処置が適用されるのです。

例えばタイ政府はタイに生産移管した外国企業に対して、法人税を5年の間、50％に軽減する施策を実施しています。マレーシア政府は、自国に新たに投資する外資系大手やスタートアップを対象に、5年間、年10億リンギット（260億円）程度の優遇措置を適用しています。インドネシア政府は、労働基準の抜本的改革を想定した法改正を提案し、自国の経済を多くの外資に開放する方針を明らかにしています。

このようにアジア各国は自国の経済発展のために、外資のためのさまざまな税優遇制度を実施しているので、海外進出によって節税もできるというメリットがあるのです。

人材管理のコストを取り払う海外雇用代行

また、海外に拠点を持ち、グローバルに事業活動を行っている、マーケットを開拓し、他の国の人たちにも受け入れられているという実績は、自社および商品・サービスのブランドイメージを向上させる効果も期待できます。さらに海外進出をすることで得た経験や知識は、必ず自社および事業に良い刺激を与え、組織の活性化をもたらすでしょう。日本を飛び出して海外でチャレンジすることが、自ずと自社の企業価値を高め、それが目に見えない付加価値になるのです。

反面、もちろんデメリットも考えられます。その最たるものはやはり人材管理のコストでしょう。日本の労働市場と比較して、海外では人材の流動生が高いと言えます。いわゆる終身雇用や年功序列という雇用形態・考え方を持っている国はほとんどありません。ひとつの会社に長く勤め続けるのが美徳という価値観も薄く、人材の定着率も低いのが一般的です。そのため、給与などの待遇面で不満を持ったり、他に条件のよい職場があれば、ためらうことなく積極的に転職するのが当たり前とされています。

そもそも言語や文化・生活習慣の異なる外国人スタッフをマネージメントすることはさまざまな面でコストがかかり、雇用形態の制度構築などを含めた労務管理は、日本以上に注意を払って実施していく必要があります。

そうした大きなデメリットとなる人材管理をすべて任せられるという点で、この本で何度もご紹介してきた海外雇用代行サービスの仕組みは非常に有効です。もし、これまでまったく検討の対象としていなかったのであれば、リモートワークの価値・活用方法を知った今、ぜひとも選択肢の一つに加えておく必要があるでしょう。

リスクなく基盤づくりを行うために

海外における現地調査は、現地市場や関連業種の店舗、公的機関（日本貿易振興機構や現地政府高官など）や教育機関、不動産やレンタルオフィス、さらには現地の知人や、進出予定先のコンサルタントや会計士といった現地パートナーなど、多岐にわたります。それぞれの訪問先にアポイントを取り、担当者に会いに行くこと自体が結構な大仕事になります。

特にまったくの白紙状態から海外進出に取り組む企業にとっては、これらの調査にかなりのエネルギーを注がなくてはなりません。ここでどれくらい質の高い情報を、豊富に仕入れることができるかが、事業の成否の鍵になるからです。

それを任せる、あるいはサポートするだけでも海外雇用代行は利用価値があるサービスです。現地で収集する情報の質・量を上げ、その国におけるビジネスの基盤づくりをより精密に、よりコストを抑えて行うために、この仕組みを活かさないという手はないでしょう。

海外雇用代行サービスのサプライヤーとして、この本のなかでご紹介してきたGoGlobalによると、大小多くの企業が従来の駐在員事務所に替えて同社のサービスを活用し、スピーディーに確実な基盤を整えた時点で現地法人や合弁会社の設立に移行しています。

特にコロナ禍で世界経済が停滞した2020から2021年は、法人設立のための調査や事務作業に非常に時間が掛かっていたため、その間、優れた適任者をGoGlobalの雇用によって維持し、事業をストップすることなく続けられたというケースが多数あったと言います。

真のグローバルビジネス、真のワークライフバランス実現へ

もう一つ、同社の事業で特筆すべきは、海外、主にアジア諸国からの技能実習生だった人たちと協力して活躍の場を創り出すためのサポートです。日本の経済・産業を支えてきた製造業の現場で技術・ノウハウを学んだ実習生らは今や貴重な人的資産と言えます。彼ら・彼女らを育てた日本の企業は、その大切な人的資産を手放さず、引き続き海外から自分たちのスタッフとして働いてもらう。そして自国に帰る実習生も雇用先が決まっている――これは双方にとって安心感と希望につながるでしょう。GoGlobal が提供する仕組みを使って、帰国前にそうした協業体制を作っておく、あるいはすでに自国で活躍している彼ら・彼女らとチームを組んで共同事業にトライしてみることも、可能性をはらんだグローバル企業へのスタートになるのではないでしょうか。

「ものづくり」に誇りを持ち、昭和・平成を通して日本の豊かさを創出してきた製造業。その現場から GoGlobal にこうした実習生との協業に関する問い合わせも増えつつあります。これについて、同社代表の渡辺さち氏は、日本のものづくりの技術と精神を世界に広げる新しい事業スタイルに貢献できるのではと期待を込め、

明るい声で語ります。

「自分の国と違う生活環境でがんばって仕事して技術を覚えたのに、会社のほうも一生懸命教えたのに、ビザが切れたらそこまででさようなら。今まではそうでした。けれども私たちのサービスを使っていただければ、引き続き、帰国後も自国からリモートワークでいっしょにお仕事ができます」

また、日本企業で働いてきた外国人で、今後、自国に帰る人、あるいは国際結婚をして配偶者の国へ移住する人。そうした人がいる場合も、ビザの問題がクリアできれば、海外雇用代行の仕組みが活用できる、と言います。実績があり、高く評価できる人材を雇用し続けたいという企業と、親しんだその企業でリモートワークによって引き続き働きたいという人、双方にとって、GoGlobalが提供する雇用代行の仕組みは非常に有益なものと言えるでしょう。

テクノロジーの著しい進化と、それを利用したアイデアから生まれてくる新しいビジネスモデルによって、真のグローバルビジネス、真のワークライフバランスが実現します。私たちはＤＸとともに、すでに以前の時代とは一線を画す働き方の時代・企業活動を行う時代を生きているのです。そして、その根底にあるのは、働く人たち一人ひとりへの敬意・共感・思いやりであり、ウェルビーイングに対する探究心です。

GoGlobalのウェルビーイングな企業文化

GoGlobalは2018年に創業したばかりのまだ若い会社であるにも関わらず、数ある海外雇用代行業のなかでもとりわけワーカーの評価が高いのが大きな特徴です。後発であるにも関わらず、成長速度が著しいため、世界中にある先行の同業他社の間でも注目を集めています。その理由は何なのでしょうか？

前出の同社代表・沖室氏にたずねてみたところ、「私たちの持つカルチャーが他社とだいぶ違うのだろうと思います」と答えてくれました。

カルチャーというのは抽象的な表現ですが、GoGlobalでは実際にリモートワークを行う従業員が、いかに気持ちよく、安心して働けるのか、最高の自分でいられるのかといった点に重きを置いており、そこがワーカーにとって魅力的に感じられるようです。

実際、同社のホームページを見ると、その考え方を反映して、さまざまな出来事がある人生において働くことの意味は何か、仕事とキャリアの違いは何か、健全なリモートカルチャーを構築するために、なぜ共感的リーダーシップが重要なのか？リモートワークというワークスタイルを取ることでいかに生活を充実させるか？といった、ウェルビーイングを話題にしたコラムが多数、目に付きます。

さらにそれと関連づけて、いわゆるワークライフバランスのために、どの国でどんな法整備がされているのか、といった情報を随時発信しています。これらは一般的な企業が発信するビジネスのノウハウ的な内容と異なり、現代人の生き方について、国や地域、文化や宗教を超えた幅広い視点から捉えていこうという姿勢が見られます。

最も重視すべきは一人ひとりのモチベーション

私たちはいつも平和で安定した状況に置かれながら、昨日と同じ職場で働けるとは限りません。個人的な理由や家庭の事情はもとより、戦争や自然災害などの影響によって海外に転勤しなければならない人たちもいます。そうした人たちにとってリモートワークは、キャリアの継続性をもたらしてくれます。例えばウクライナの紛争地域から安全な地域に逃れてきたGoGlobalのある社員は、リモートワークによって経済的な安定も確保することができました。

誰もがそれぞれの物語を持ち、健康、家族、経済、その他のさまざまな問題を抱えながら日々葛藤して生きています。同社にはそうしたスタッフが安心して相談できる人事チームがあり、全面的なバックアップのもと、迅速に解決策を提案すると言います。

また、その一方で創業以来、利益を社員に還元することを社是とし、毎年、世界の各地域で数十人規模の社員旅行を企画しています。２０２２年もヨーロッパのメンバーはギリシャに、北中南米大陸のメンバーはメキシコのカンクーンに、そしてアジアのメンバーはタイのバンコクに集まり、それまで一度も会ったことない他の国の仲間と旅行を楽しむという経験をしています。

他の人たちや外の世界との心理的な距離感、ある種の孤独感を抱きがちなリモートワーカーにとって、こうしたリアルな催しがあり、直接仲間と交流する機会があることは、心強さや安心感にもつながります。日系企業だけあって、そこには日本独自のホスピタリティの精神、良い意味でのガラパゴス的な文化が反映されているのかもしれません。

いずれにしても人材を商材にする会社にとって、最も重視すべきは一人ひとりのモチベーションであり、ウェルビーイングであるという理念が、こうした企業カルチャーとして形になっているようです。そこからスタッフたちは、理念にもとづく力強いメッセージを受け取ることができ、自分たちが大切にされていることを確信できます。そうした企業の在り方・ビジネスに対する姿勢が外側からもはっきりとわかるため、多くの人に評価され、共感を呼んでいるのでしょう。

創業からわずか4年でこれほど事業規模を拡大している海外雇用代行の会社は他に見当たりません。そして、それが日本発の企業であり、日本の文化を背景に生まれたものであることは、私たちの心を明るく、温かくしてくれます。

採用の柔軟性こそが成功の鍵

新型コロナウイルス感染症の猛威は世界中を混乱に陥れ、約3年にわたって経済活動を停滞させましたが、どの国も何とかその混乱と停滞から抜け出し、再び社会は動き始めました。世界の経済は活力を取り戻すともに、新たな方向を模索し始め、人材の採用に関しても大きな変化が始まっています。

確実に言えるのは、どこで暮らしているかという地理的な条件は、今後、採用の前提条件としてそれほど優位なものではなくなっていくということです。リモートワークの活用によって企業は国境を越えてスキルを持った従業員を探せるようになりました。それによってより広い人材プールができるのはもちろんですが、何よりも重要なのは、GoGlobal が訴求しているように、企業とそれぞれの働き手がグローバルなチームを作り、より包括的で多様性のある事業活動を行なえるようになることです。複数の文化、角度の異なる視点、それらのぶつかり合いと融合から生まれるアイデア、そして商品・サービス・ソリューションが、市場のニーズと適合すれば、大きなビジネスが成功するでしょう。

海外雇用代行の仕組みを導入することで実現する、迅速でコンプライアンスに則った、現地に根ざした人事サポート。人材採用に対する考え方を柔軟にすることこそ、将来の成功を引き寄せる最大の鍵になりそうです。

ブルーオーシャンを目指す

これから海外への進出を図る日本企業は、文化的なギャップが比較的に小さく、将来的な市場拡大の可能性が大きい東南アジア諸国に目を向けるケースが多いようです。例を挙げれば、タイ、フィリピン、ベトナム、カンボジア、マレーシアなどです。しかし、もちろん、自分の会社の商品やサービス、目標・志向性に合わせて、どこの地域・どこの国でも優良な市場になり得ます。

そして多大な投資を必要とされた前の時代と異なり、現代は誰でもICTテクノロジーという武器を自由に利用することができます。オンラインでできる業務は、オンラインで効率よく進め、リアルな人間力によって解決しなくてはならない課題に対しては、しっかり時間と手間をかけて丁寧に遂行する。それはまた、自社の事業にとってどこを最も大切にすべき部分なのか、改めて見きわめ、整理分担することでもあります。

今からでもまったく遅くありません。国内での事業展開に行き詰まりを感じているのなら、一度思い切ってデスクの上を片付けて、世界地図を広げて海外進出を検討してみてはいかがでしょうか?

事業計画のイメージがある程度できていれば、GoGlobalのような海外雇用代行サービスの会社にいろいろ相談することもできます。積極的にリモートワークを駆使した異なる文化圏へのチャレンジは、きっとこれまで見えなかったブルーオーシャンの発見につながるでしょう。

会社を変え、世界を変え、あなた自身を変える新しいビジネスの発見・構築に向けて、さあ、歩き出しましょう。

あとがきにかえて

日本では「失われた30年」とも言われる、経済的な衰退が長く続いています。ほぼ平成のすべてが、これに当てはまることになり、結果として国際社会での日本の地位は存在感が弱まっています。日本は２０１９年の改元により、時代は令和となったものの、新型コロナウイルスのパンデミックやさまざまな災禍の影響も相まって、経済の様相が大きく変わったとは言えないでしょう。

経済活動のうえでは、その原因解明よりも具体的な行動が重要となります。いわば、攻撃は最大の防御であり、ライバルたちに先んじて一手も二手も早く一歩も二歩も早く成長施策をとる必要があります。

本書は、そのための有用な施策として、リモートワークの実態と、そのまさに最前線であろうＥＯＲ、トライアル海外進出、そしてどこでも優秀な人材を採用――Hire from anywhere について紹介しています。

私たち GoGlobal はこのＥＯＲというサービスを日本国内でやはり一歩も二歩も

早く紹介し、普及を広げてきたと自負しています。しかし実際のところ、私たちの肌感覚では、海外の各国からの認知や期待と比べると、日本国内での認知は乏しいと思っています。そこにはまだ当社の至らぬ部分もあるでしょう。ですが、このたびこうして中小企業ＤＸ推進研究会の取材によって、当社がお付き合いをするさまざまな業種で優れた企業と、このＥＯＲというサービスの実態をお伝えする機会をいただき、ありがたく思っています。また、ここに紹介したメロディ・インターナショナル、ＮＲＩアメリカ、Paidy については特別なご協力をいただき、感謝の念に堪えません。

海外進出は、資本力のある大企業のみが取り得る施策という時代はすでに終わっています。そして、時代を変えていくのは、皆様一人ひとりの力です。本書で述べられた事例やノウハウが、多くの方にとって新たな価値を生むものだと信じてやみません。

GoGlobal 株式会社
渡辺さち
沖室晃平

著者プロフィール

中小企業 DX 推進研究会

中小企業の課題解決と経営革新に役立つDXの推進のための、会計事務所を中心とする研究会。顧問先企業の課題を深く知るパートナーとして、システムやサービスありきではなく、企業の実態に合う適切なITツールの提案・構築により課題を解決し、DX推進をサポートすることを強みとする。著書に『なぜDXはバックオフィスから始めるとうまくいくのか』『中小企業のDXは会計事務所に頼め!』。
研究会事務局運営：セブンセンス株式会社

協 力

渡辺さち、沖室晃平（GoGlobal株式会社）
https://goglobalgeo.com/

リモートワークの最前線
海外拠点との事業構築法

2023年2月20日　初版第一刷発行

著　　者　中小企業DX推進研究会
発 行 者　湯浅三男
発 行 所　金融ブックス株式会社
　　　　　東京都千代田区外神田6-16-1
　　　　　Tel.03-5807-8771　Fax.03-5807-3555
編　　集　三坂輝プロダクション（三坂輝、瀬戸陽子）
執筆協力　福嶋誠一郎
装　　丁　THROB（鈴木 徹）
印刷・製本　モリモト印刷株式会社

ISBN978-4-904192-95-5　C0034